三木　清

三木 清

・人と思想

永野 基綱 著

177

CenturyBooks 清水書院

はじめに

文庫と新書

この本では、三木清《みききよし》という思想家をとりあげる。

治維法下を三木清ゼミ守りきし青春ありて今日卒寿あり　（松戸市）高沢　義人

たまたまある朝、新聞の短歌欄で、この歌を見つけた（「朝日新聞」歌壇、二〇〇三年一〇月六日）。この年卒寿を迎えられた作者にとっては、三木清ゼミこそが、いまなお忘れることのない、厳しい青春の日々だったのだろう。

だが、若い人々にとってはどうなのだろうか。三木清は、西田幾多郎《きたろう》らと並ぶ、日本近代の代表的な哲学者の一人である。図書館に行けば『三木清全集』があるかもしれないし、大きい本屋にゆけば選集もあり、また新書判の『哲学入門』や文庫判の『人生論ノート』なども見つかる筈である。だが、若い世代の人で、それらを手に取って読んだことのある人は、多くはないだろう。

けれども実は、哲学書など全く読まないような人も含めて、およそ本を読む人なら誰でも、三木清の恩恵を受けている。

いま、街の本屋の棚は勿論、駅の売店やコンビニの棚にも、多くの文庫本が並んでいて、小説をはじめ様々なジャンルの読み物を手軽に愉《たの》しむことができる。また、隣の棚には新書もあって、様々な分野の専門家が、分かりやすく知的興味に答えてくれる。手軽に安く手に入り、ポケットやバッグに入れて持ち運んで、どこでも読むことができる文庫本や新書は、一番身近な本の形といえよう。ところで、それらの本を最初に出したのは、岩波書店という出版社であるが、その岩波の文庫や新書の創刊に際して、提案や助言で協力したのが、三木清なのである。

手元に岩波文庫があれば、最後のページを開いてみよう。一九二七（昭和二）年七月の日付と岩波茂雄の署名のある発刊の言葉があるが、その草稿も三木が書いたものである。古い言葉も混じっているが、意味は分かるだろう。

「真理は万人によって求められることを自ら欲し、芸術は万人によって愛されることを自ら望む。かつては民を愚昧《ぐまい》ならしめるために学芸が最も狭き堂宇《どうう》に閉鎖されたことがあった。今や知識と美とを特権階級の独占より奪い返すことはつねに進取的なる民衆の切実なる要求である。岩波文庫はこの要求に応じそれに励まされて生まれた。それは生命ある不朽の書を少数者の書斎と研究室とより解放して街頭にくまなく立たしめ民衆に伍《ご》せしめるであろう」。

確かに今では時代を感じさせるが、それでも格調の高さは分かる。手軽で安価な文庫本の発刊を通して、一部の人々の独占物であった学芸を街頭に解放し、広く民衆の手に行き渡らせようという熱い意図が、この宣言から読みとれる。

この時期既に、治安維持法が出されている。冒頭の短歌の作者の方も、この発刊の辞に、「青春」の心を励まされたであろうか。

三木清が生まれたのは、今から百年少し前、一八九七年のことである。ということは、二〇世紀のはじめの年を、四歳で迎えたことになる。そして、第二次世界大戦が終わった一九四五年の夏、四八歳の若さで彼は死んだ。

「突出して異常な」時代

三木清が、五〇年に満たないその人生を生きた二〇世紀の前半は、激動の時代であった。年表を開くと、世界大戦、世界恐慌、そしてまた世界大戦と、激しく揺れ動く「世界」がある。あるいは、絶え間ない戦争を通して、アジアの諸国を侵略し併合し、多くの人々に大きな苦しみを舐《な》めさせたあげくに自滅していった「大日本帝国」の姿がある。そういう時代を、三木は生きた。

試みに、三木清の生涯をたどってみよう。彼の生まれたのは日清戦争が終わったばかりの頃であるが、小学校に入るとすぐに日露戦争となる。中学時代に韓国併合や大逆事件があり、高校に進学した年に第一次世界大戦が始まる。大学時代に米騒動の報をきき、卒業したのは戦後恐慌の年で、留学したドイツでも敗戦後の社会的不安と天文学的インフレを体験する。治安維持法が成立した年の秋に日本に帰り、教職に就くのが金融恐慌の最中で、結婚した秋に世界恐慌が起こり日本にも波及、そして長女が生まれた時には、彼は検挙されて獄中にある。そのことで職を失った翌年、いわゆる満州事変となり、そして日中戦争が始まる前年に妻の死にあう。やがて再婚するが直後に太平洋戦争となり、執筆の道を絶たれて戦地に送られ、そして再び妻を亡くす。いよいよ戦争も末期となって、空襲を逃れて幼い娘と疎開するが、翌年再び逮捕される。そして原爆の夏、ようやく日本は降伏するが、獄に繋《つな》がれていた三木は、飛行機雲のない青い空に秋風がそよぎはじめた九月になっても解放されることなく、遂に戦後世界を見ないまま、獄死してしまう。

何という人生、そして、何という時代であったのだろうか。

しかし、三木は決して例外ではない。刑死、自殺、虐殺死、獄死、また戦死、焼死、被爆死……。三木と時代を共にした人々の伝記を手に取ってみると、時代に強いられた人生の中断が余りにも多いことに気付くだろう。もちろんその背後には、伝記など残すこともなく死んでいった無数の人々がいる。どう生きるかという問いは、この時代、どう死ぬかという問いと背中あわせでしかありえなかった。

作家司馬遼太郎《しばりょうたろう》は、『「昭和」という国家』という本などで、日本の歴史の中で、「昭和の元年から昭和二〇年まで」が、魔法にかかったかのように、「突出して異常な国」だったと書いている。いわゆる司馬史観というものには賛成できないが、しかしこの時期が、とりわけ暗く厳しい時代であったことは、誰もが認めよう。ある人は、「恐慌から戦争へ」、と、端的に表している。そして、「昭和の元年から昭和二〇年まで」というこの時期こそ、処女作出版から獄死まで、つまり三木清が思想家として生きた二〇年にぴったりと重なっている。

三木清の人と思想

人は、何ほどかのことを考え、何ほどか思想や思想家に興味をもったり、本を書いたりしたとしても、それだけでは思想者の名に値しない。だが、三木清は思想者であった。それは彼が、自らの生きた「突出して異常な」時代に背を向けることなく、その時代を如何に生きるかという問いを、生涯をかけて問い続けた、という意味においてである。

このシリーズは、「人と思想」と名付けられている。人はそれぞれ、与えられた「とき・ところ」に生きて死んで行く。だがとりわけ三木清の場合には、彼の人と思想を語ることがそのまま、彼がそこで生きて闘った「時代」を語ることになるだろう。

もちろん、三木の思想的闘いの跡として残された文章は、様々に読まれうる。一時は、三木を、マルクス主義に近づきながら転じていった、取るに足りない哲学者だとみなす人々も少なくなかった。時代の進展と共に、逆に、彼あるいは一時期の彼に対して、無欠の評価をする人々も現れた。だがもちろん、人の生涯は、矛盾を含む無数の枝葉をもっている。以下はあくまで、私が勝手に枝葉を刈り込んでみた三木清像に過ぎない。もちろん別の刈り込みによって、また別の三木像が現れるのは、余りにも当然のことである。

なおこの本では、シリーズの趣旨も考慮して、単純化をおそれず、思想史的な予備知識が全くなくても全体を読み通せるよう、流れを何より第一にした。注記が要るようなことは書かず、逆に必要な説明は、多少初歩的なことでも本文に書き込んだ。また同じ理由から、引用したり言及したりした三木の文についても、参考にさせて頂いた多くの三木論についても、いちいち細かい注記はしていない。また、三木の著書は、ほとんど全てが論文集であるが、初出年月と著作刊行年の相違などでも、必要な場合を除いて無視している。もちろんしかし、内容を薄めたつもりは全くない。

これもまた本シリーズの趣旨に従い、本書では、三木の生涯に沿って筆を進めながら、多様な彼の思索の跡については、ほぼその全体を見通して紹介したつもりであり、主な著書名はなるべく節や見出しに残したが、ただ、取り上げた著書についても、丸ごとの紹介はしていない。三木の本には論文集が多く、また数多い文章はほとんど全て、時代に追い立てられながら体系的な完成度を犠牲にして書かれており、そのままの紹介は却ってその主旨を曖昧《あいまい》にしてしまうからである。なお、彼の文章を引用する場合には、旧字を新字に（一部だけだが文字そのものも）変更し、旧仮名づかいを新仮名づかいに変えた。

なお、いわゆる「プロレタリアート」に当たる語を、「無産階級」などとしている場合がある。現在使われる「労働者階級」という語との間に意味の違いがあるが、あえて三木が多用した用語で通すことにした。また、年号は、最も簡単に西暦の下二桁だけで記した。年齢は満年齢である。三木は戸籍上一月生まれなので、当時の数え方では一歳プラスになる。

以上全て、読みやすいようにとの勝手な配慮によるが、乱暴で行き過ぎと思われる方も当然おられることだろう。そういう方も含め、三木の書いた原文に直接触れたい、と思われる方は、大いにそうして頂きたい。ちょっとした図書館には、全集がある筈である。

生存理由としての哲学

最後に、三木が、三三年四月に書いた文章を、少し長く掲げておこう。

ちなみにこの年は、一月ヒトラー政権獲得、二月小林多喜二虐殺、三月日本国際連盟脱退、四月滝川事件勃発……、国外でも国内でも、激動が続き、さらに暗く厳しい時代の予感に満ち満ちた年である。このとき、三木清にとって、哲学とはどのようなものであったか。なお、文中「レーゾン・デエトル」は「存在理由」という意味である。

「時代は行動を必要とする、あらゆるものが政治的であることを要求している。このとき然《しか》し、哲学するということは、およそ人間の生存理由もしくは意義をなし得るであろうか。人間のレーゾン・デエトルとして、哲学は如何《いか》なるものであるべきであろうか。これは現代において、凡《すべ》ての哲学者にとって最も切実な問題でなければならぬ。哲学が学問として如何なるものであるべきかということも、かようなレーゾン・デエトルとしての哲学の問題に従属し、それとの聯関《れんかん》において初めて具体的に答えられ得る筈だ。

然るにわが国の哲学は今に至るまでかくの如き問題をあからさまに問題にしたことがない。そしてそれこそ哲学的精神の根本的な窮乏を語るものである。……

現代において、哲学するということは、人間の生存理由の如何なるものであり得るか、この根源的な問に対する情熱が哲学者といわれる者の倫理でなければならぬ。科学としての哲学、イデオロギーとしての哲学、等々の問題も、この問に比しては従属的であり、皮相的でさえあろう。生存理由としての哲学の問題との関係において、哲学の方法も、対象も、形態も現実的に決定されるものである。この根源的な問の生きている場合に初めて、哲学の言葉、その面倒な術語ですらもが、「具体性」をもつことができる。或る哲学が具体的であるか抽象的であるかは、主として、この点にかかるのであって、それが認識の問題を取扱うか社会の問題を取扱うかというようなことによるのではない。

知識としての、あるいは教養としての、文化としての、もしくはイデオロギーとしての哲学の問題に先立って、現代の社会的並びに精神的情況のうちにおける人間の可能なる生存理由としての哲学が問題にされねばならぬ。哲学することの倫理について、哲学者が根源的に問うことが何よりも要求されているのである」(「生存理由としての哲学――哲学界に与うる書」「読売新聞」一九三三年四月一九日、のち『危機に於ける人間の立場』序に再録)。

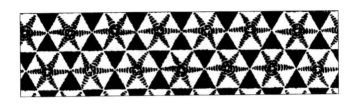

目次

はじめに……三

Ⅰ　個人と社会

孤独な田舎者……一四
個性と歴史……二七
日常世界の解釈……三九
『パスカルに於ける人間の研究』……四九

Ⅱ　革命と主体

マルクス主義と革命……六〇
『唯物史観と現代の意識』……七四
意識と言葉……八七
存在性の相違……九八

Ⅲ　歴史と運命

逮捕と排除……一一四
『歴史哲学』……一二九

不安と危機の時代……一四六
新しい人間のタイプ……一五四

Ⅳ　翼賛と抵抗

『構想力の論理』……一六八
「協同主義」と「東亜新秩序」……一八四
総力戦体制へ……二〇八

Ⅴ　死と生涯

「聖　戦」……二二〇
獄中での死……二三〇
三木清、人と思想……二三八

あとがき……二四四

三木清年譜……二四七
参考文献……二五二
さくいん……二五五

I

個人と社会

現在のたつの市　（鶏籠山と山裾の町並　たつの市産業部商工観光課提供）

孤独な田舎者

金色《こんじき》の夜叉《やしゃ》

兵庫県姫路市のすぐ西に、龍野《たつの》という町がある。のちに市となり、今は町村合併で「たつの市」となっているが、かつて揖保《いぼ》郡龍野といったその町は、川を見下ろす鶏籠山の山麓《さんろく》に小ぢんまりとした城をもつ、静かで美しい城下町である。山裾《すそ》を流れる揖保川は、素麺《そうめん》や醤油《しょうゆ》や皮革などの伝統産業を育て、今も変わらぬ澄んだ水を瀬戸内海へと運んでおり、静かな城下町龍野に、「播磨《はりま》の小京都」といわれる風情を与えている。

一九世紀も残り少ない一八九七（明治三〇）年の冬一月、「池一つ越すと龍野の町になる」という、当時の地名でいえば平井村の農家の長男として、三木清は生まれた。三木家は、農家とはいっても祖父の代には米屋で産を成し、清の少年時代にも、秋には小作の農民が運び込んだ米俵が土間に山積みになったというから、かなり富裕な家だったようだ。

三木清の誕生と時を同じくして、ひとつの小説が新聞に連載され始める。熱海の海岸のシーンで有名な、尾崎紅葉《こうよう》の『金色夜叉』である。金の力に恋人の心を奪われた青年が自ら夜叉のような金融業者となって復讐しようとする波瀾万丈《はらんばんじょう》の物語は、翌年から別新聞に連載された徳富蘆花《とくとみろか》の『不如帰《ほととぎす》』と並んで大きな評判を呼ぶ。時代は急速に変りつつある。人々は、変りゆく時代の背後

『金色夜叉』の口絵　有名な熱海の海岸の場面。『金色夜叉』は、産業革命を迎えていた資本主義の本質を捉えきれていない点や、女性を足蹴にするこの場面だけが有名になるなど問題点もあるが、『不如帰』と並んで、新派演劇、映画などで、大きな人気を博した。

に、自分たちの運命を左右し無数の悲劇をも生み出す、資本主義という「金色の夜叉」が存在することに、気づき始めている。

三木よりやや年長の哲学者和辻哲郎《わつじてつろう》は、「産業革命」という言葉を使って、そのような時代の急変について述べている。「産業革命は、地方によって時期が違うかも知れないが、わたしの村などでは、明治二十年代の末から三十年代のはじめにかけて、非常に迅速に、台風のように吹きぬけていったかと思う」。和辻の育った姫路は龍野にごく近い。もし彼のいう通りだとすれば、明治でいえば三〇年生まれの三木は、ちょうどその渦中に生まれたことになる。この年、「実業之《の》日本」が創刊されている。いろいろの事業に手を出していた三木の父親が時に手ひどく失敗したというのも、和辻のいうこの「台風」に煽《あお》られてのことであったのだろうか。もっとも、三木の終生の師となる哲学者西田幾多郎の家が、少し前の恐慌によって破産に直面したのとは違い、三木家の事件は、清少年の人生に影を落とす程のものではなかったようだ。

けれども、富裕な三木家の場合にはエピソードであった「台風」も、貧しい人々にとってはそうではなかった。例えば三木が生まれた年には、足尾鉱山の毒水に苦しむ渡良瀬《わたらせ》川流域の農民たちが、遂《つい》に大挙して東京へ押し出す。翌々年に出される横山源之助《げんのすけ》の『日本之下層社会』が告発するように、金色の嵐が吹き荒れる日本列島の各地には、無数の苦しい生活がある。

それだけではない。そのような犠牲を生みながら「富国強兵」を曲がりなりにも実現した日本は、その強兵を早くもアジアの隣国へと向け、帝国主義列強の一角に割り込んでゆく。朝鮮半島の支配権を巡って争われた日清戦争は、近代軍隊によるはじめての対外戦争であったが、それは、以後半世紀にわたる戦争の時代の始まりに過ぎない。日清戦争が終わったばかりの年に三木は生まれるのだが、少年が小学校へ入学した翌年、再び日露戦争が始まり、何とか強国ロシアに勝利を収める。

その報は西欧列強の帝国主義支配に苦しむ弱小国の人々に勇気を与えもしたが、現実の日本は既に台湾を領有し、さらに朝鮮半島の植民地化に動き出す。国内でも、戦勝によって煽《あお》られた民族主義的熱狂の嵐が吹き荒れ、首都の民衆は、妥協的講和に反対して、大規模な焼き討ち事件まで引き起こす。

このような時代の風は、平和で静かな農村にも、確実に吹いて来る。「百姓の子供として」育ち、「今少年時代を回顧しても、私の眼に映ってくるのは、郷里の自然とさまざまの人間であって、書物というものは何ひとつない」という三木が、はじめて雑誌というものに出会ったのは、小学校卒業前に村の医者の子から見せてもらった「日本少年」だった。「あの時の「日本少年」だけが妙に深く印象に残っている」、と後年彼は書いている。この少年雑誌は日露戦争が終ると同時に発刊されたものだが、三木の生まれる少し前から、「日本」とか「国民」とかいった言葉を題名に用いた新聞や雑誌が次々と発行される。上からの国家形成に下からのナショナリズムが呼応しつつある時代の意識が、田舎の少年の手にする雑誌名にまで顔を出している。少し年長の哲学者安倍能成《あべよししげ》がはじめて手にした雑誌は「小国民」であったという。

けれども、このような時代の騒然とした風は、まだ清少年にはほとんど無縁である。土に親しみながらも成績抜群な少年は、教師に可愛がられながら村の小学校を卒業し、池を越えて龍野中学へ通うこととなる。

文学少年

長い歴史をもつ龍野は、城下町としての伝統の中で何人かの文人を排出した、学問の盛んな町であった。龍野中で、少年は次第に自意識に目覚め、書物に目を開かれる。国語担当の教諭の影響もあってすっかり文学少年となった彼は、内外の文学書を読みあさる一方、自らも友人と文学回覧雑誌を作ったり、校歌を作詞したり、学内で紀行文や歌を発表したり、また漢詩や和歌を作るなど、一時は本気で文学者になることまで考える。

中でも熱中したのは、徳富蘆花であった。漢文調の格調ある美文に浪漫的心情を歌い込めた彼の『自然と人生』は、当時の青少年に大いに迎えられたが、三木もまた愛読し、心の中に彼の「ヒューマニズムが染み込んだ」と書いている。こうして、文学少年三木の前に、「ヒューマニズム」という形で、次第に時代や社会への関心が浮かび上がって来つつある。

後に彼は回想している。「私の中学時代は、日本資本主義の上昇期で「成功」というような雑誌が出ていた時である。この時代の中学生に歓迎されていた雑誌に押川春浪《おしかわしゅんろう》の「冒険世界」があった。かような雰囲気の中で、私どもはあらゆる事柄において企業的で、冒険的であった」。「企業的」という言葉に上昇期にある資本主義の、また「冒険的」という言葉に版図を拡げようとしている帝国主義の、時代的雰囲気が伺える。

とはいえ、静かな田園風景の中を中学校へ通う少年の「ヒューマニズム」は、未だ茫漠《ぼうばく》とした人生への感傷にとどまり、当時はまだ、「企業的で、冒険的」な時代が作り出しつつある深い闇には、またそれらの闇に相渉《あいわた》る「思想」には、強い関心を抱いてはいなかったようである。中学時代、法制経済を教えていた教師によって「思想といえば思想らしいものを注ぎ込まれた」が、「しかし私はその頃はむしろ文学に熱中していて、思想の問題についてはそれほど深い関心がなかった」、と彼は回想している。

こうして、秀才清少年は、一九一四年の春に龍野中学を卒業する。当時の中学は五年制だったので、彼は一七歳である。そして秋、三木は、当時数少ない高等学校の筆頭校である第一高等学校（一高）に入学するため、東京に出る。

だが、「企業的で、冒険的な」時代の風を感じつつ上京した少年を待ち受けていた一高には、既に前から、違った空気が流れていた。

「内観的煩悶《はんもん》の時代」

三木の一〇年余り先輩に当たる哲学者田辺元《たなべはじめ》は、自らの一高時代を振り返って書いている。「当時既に」、「外面的生活に対する批判と懐疑、さらに自己内面の要求に従い、精神の自由解放を求めて、みずから人生の目的を探求し、存在の意味を自覚しようと欲する精神的気運が、一高には動いて居た」。「個人的ヒュマニズムが勢力を得つつあったのである」。ほぼ同年の一高生で、後に三木と深く関わることになる岩波茂雄の回想もまた同じである。その頃は「慷慨悲憤《こうがいひふん》の時代の後をうけて、人生とは何ぞや、われは何処《いずこ》より来りて何処へ行く、というようなことを問題とする内観的煩悶時代でもあった」。「巌頭之感は今でも忘れないが、当時これを読んで涕泣《ていきゅう》したこと幾度であったか知れない」。

いわれている「巌頭之感」とは、有名な遺書のことである。夏目漱石《なつめそうせき》も教えていた一高生藤村操《ふじむらみさお》が、日光華厳《けごん》の滝に投身自殺したのである。「ホレーショの哲学竟《つい》に何等のオーソリチーを値するものぞ」。生きるべきか否かという悩みに対して答えることのできるオーソリティー、権威ある立場はない。「万有の真相は唯一言にして悉《つく》す、曰く『不可解』」。そう書き残して死んだ若い哲学徒の死は、多くの人に、時代を象徴する「哲学的事件」と受け取られた。

ところで岩波は、そのような「内観的煩悶時代」は、「慷慨悲憤の時代」の次に来たといっている。慷慨悲憤とは、短期的には、日清戦争でもぎ取った中国大陸の一部を返却するよう求められた、いわゆる三国干渉に対する国民的憤慨を指すのだろうが、長期的には、天下国家を論じて悲憤慷慨するという、明治中期までの論調を意味している。

ごく大ざっぱにいえば、そのような広義の悲憤慷慨は、近代国家創成の路線を巡るものであった。例えば福沢諭吉の民権主義や徳富蘇峰《とくとみそほう》の平民主義などの有司専制政治批判も、近代国民国家の建設は、民力の犠牲の上にではなく民力の強化育成によってこそ可能なのだという主張だった。だが、維新以来、重なる一揆を制圧し、士族反乱を鎮圧し、自由民権運動を押し潰《つぶ》して来た明治政府は、この頃までに、天皇制という古い擬制を国民統合の軸に利用しつつも、欽定《きんてい》憲法による議会を開き、曲がりなりにも近代国家の形を整え、また外交的にも列強との不平等な関係をようやく是正する。そして富国強兵を何とか実現した「大日本帝国」は、対外戦争にも勝利を収め、欧米列強に肩を並べる「一等国」を自認するようになる。こうして諭吉や蘇峰は、積年の国家課題がひとまず達成されたと感じて、日清戦争の勝利の報に感涙《かんるい》にむせんだ、と共に自伝に書く。申し合わせたように、彼らが戦勝を「官民一体」、「挙国一致」の快挙としていることは、彼らの目標が国民国家の創成にあったことを明白に物語っている。

だが、彼らのように国家を憂える悲憤慷慨的な明治的論調は、歴史的限界を明らかにしつつある。日露戦争後に書かれた漱石『三四郎』の主人公は、東大入学のために九州から上京する車中で出会った、一高教師広田先生の言葉に驚かされる。「いくら日露戦争に勝って、一等国になっても駄目《だめ》ですね」。

開国以来の国家課題が曲がりなりにもひとまず達成されたいま、背負うべき責務が消えた知識人青年たちと国家の間に、ある隙間が急速に拡がろうとしている。近代国家の創成を担う政治的存在から、何とかひとまず「仮普請《ふしん》」のできた近代国家における「私」的な市民存在へと自らを転身させつつ、国家という「オーソリチー」に代わる新たな拠《よ》り所を彼らは探ろうとする。「迷羊（ストレイ・シープ）」と、三四郎はつぶやく。

だが、そんな青年たちをよそに、「大日本帝国」は、その軍事力によって台湾を領有し、大陸に権益を築き、一〇年には韓国を併合する。そしてその同じ年に、「二十世紀之怪物」帝国主義を最も激しく批判してきた幸徳秋水《こうとくしゅうすい》以下の無政府主義者たちを、言いがかりをつけて大量逮捕し、翌年早々、まともな裁判もないまま十二名を死刑に処して、権力に刃向かう人々の息の根を完全に止めようとする。大逆事件である。

多くの文学者が暗澹《あんたん》たる気分に追い込まれる中、貧困の中で一身の自立に呻吟《しんぎん》していた詩人石川啄木《たくぼく》は、「時代閉塞《へいそく》の現状」への焦燥と怒りを紙に刻み込む。時代を閉塞させているのは強大な国家権力である。だが啄木は、強権をのみ批判するのではない。むしろ、強権に悲憤慷慨しないで内的世界に沈潜《ちんせん》する青年たちに悲憤している。

人格を磨け

前述のように、中学生三木は蘆花の「ヒューマニズム」に共感したが、その蘆花は、大逆事件で幸徳らが急いで処刑されたことを知り、専制政府への万感の憤りを抱いて、一高で「謀叛論《むほんろん》」と題した講演をする。幸徳らは「自由平等の新天地を夢み、身を捧げて人類のために尽さんとする志士である」。そう論じた蘆花は、「諸君謀叛を恐れてはならぬ」、と叫んで壇を降りる。自ら謀叛人となるを恐れてはならぬ。我々は人格を磨くことを怠ってはならぬ。不敬演説とされて校長新渡戸稲造《にとべいなぞう》が処分を受けたこの演説は、大逆事件に対して公然とあげられた最も激しい批判の声であった。だが、エリート青年たちに感銘を与えたこの演説の締めくくりの仕方に、時代閉塞と「人格」の関係が象徴されている。厳しい強権の下にある今、揺るぎない人格の砦《とりで》を自らの内に築いて、時代の閉塞を打ち破れ。それが、「人格を磨け」という蘆花の呼びかけの意味である。

　蘆花の演説から三年後、三木が一高に入学したばかりの一四年秋に、漱石は、「私の個人主義」と題する講演を、学習院で行う。急かされた借り物の近代化がもたらす神経衰弱を脱却するには、「自己本位」に立脚することが肝要《かんよう》である。だが、真の自己本位は他者の個性的な人格をも尊重することであって、将来社会の指導者となるべき諸君らは、とりわけ人格を磨く責任がある。漱石は、敢《あ》えて学生のエリート意識にそう訴える。ちなみに三木は、当時の教養思想の有力な主張者たちの多くが漱石門下であり、また漱石の一高での同僚である哲学者ケーベルの影響が大であったといっている。

　だが、時代閉塞の下、強権に面と向かっては立ち向かえない自らを意識することから生まれた、「人格を磨く」という青年の課題もまた、時代を追うに従って、次第にその政治性を失ってゆく。

三木の一高入学の年は、世界大戦が勃発《ぼっぱつ》した年でもある。だが「あの第一次世界大戦という大事件に会いながら、私たちは政治に対しても全く無関心であった。或いは無関心であることができた。やがて私どもを支配したのは却ってあの「教養」という思想である。そしてそれは政治というものを軽蔑して文化を重んじるという、反政治的乃至《ないし》非政治的傾向をもっていた。それは文化主義的な考え方のものであった」。「高等学校の最初の二年間は私にとっては内省的な彷徨《ほうこう》時代であった」、と三木は書いている。こうして三木は、「日本の思想界が一般に内省的になりつつある時代」、「その教養思想が台頭してきた時代に高等学校を経過したのである」。

「青鞜」創刊号の表紙

「孤独な田舎者」

三木が東京での生活を始める二年前から、大逆事件の余韻の醒《さ》めないまま、時代は大正という元号で呼ばれる時代となっている。「大日本帝国」の首都には、市電が走り自動車も行き交い、映画館が人を集め、新聞広告が新しい製品を宣伝する、大衆消費社会が姿を現そうとしている。三木が上京した年には東京大正博覧会が評判を呼び、「文化生活」への期待が人々の心を浮き立たせている。だが、やるせない「大正ロマン」漂う都市はまた華やかで苛酷《かこく》な戦場である。世界に開かれた新時代の到来を告げる喧噪《けんそう》の裏側には、厳しい現実世界がある。

エリート学生三木もまた、急速に増加しつつある労働争議の記事を新聞で読み、デモやストの光景を街頭で見聞きもするだろう。そしてまた、雑誌「青鞜《せいとう》」を読む「新しい女」が世間から叩かれながら、職業女性が颯爽《さっそう》と街に登場し、化粧品の広告が新聞を飾り、「今日は帝劇、明日は三越」といった呼びかけが「家庭婦人」の心をときめかす一方で、衛生状態の劣悪な工場には長時間労働に呻吟《しんぎん》する女工たちもおり、夜ともなれば春を売る女性たちが街角に佇《たたず》む東京でもある。

農家の長男である三木にとって、このような大都会東京に出ることは、新しい広い世界に人生の場を設定することを意味している。もちろん、身内の証言によっても三木は終生家族思いであり、そして後年になっても彼は「私は農民の子だ」と書く。だがその言葉は、出てきた故郷の村への追想のそれである。東京で三木がしばしば散策する武蔵野の自然は、彼にとって、もはや距離を置かれた自然である。都会にあって「田舎者の私は孤独であった」、と三木は繰り返し告白している。「私の関心は殆《ほとん》どつねに孤独であった」。「結局私は、東京に住むようになってからも、いつまでも孤独な田舎者であったのである」。

都会でしかるべき中産階級的な生活の場を確保しようとする人々は、いわば脱出者の群であり、「孤独な田舎者」の自意識とは、伝統が重く息づく村や家から出離した距離の意識である。例えば当時、新聞小説『門』で漱石が描いた主人公夫妻もまた、生まれ育った倫理世界から離脱して、首都の片隅にひっそりと暮らしている。都会になじめず時代にも乗れない小説中の彼らには平安な結末が許されないにしても、漱石のいう彼らのような「ライフ」が都会の片隅で営まれることに、読者が一定の共感を寄せるようになっている。「ライフ」とは、生活であり生命であり人生である。

教養の時代

三木が「教養思想が台頭してきた時代に高等学校を経過した」というその「教養」とは、そのような時代に背を押されて都会に出た青年たちが、中産階級として生きてゆくためのパスポートである。彼らは、むき出しの「金色夜叉」に反撥《はんぱつ》し、また大衆的な喧噪《けんそう》と軽薄にも背をむけて、教養や人格といった言葉を支えに、独自の社会層を形作ろうとする。

ヨーロッパでは、既に前世紀から「教養」が注目を集めている。産業社会の進展という大きな社会変化の中で、身分制度という支えのない富裕な市民層が自らを社会の指導層として自認するための条件として浮上したのが、高い学歴の中で得られるものと考えられる「教養」という概念であった。現実の富裕が、教養という内的な指標の陰に隠される。教養ある者と教養のない者、すなわち内的に豊かな者と内的に貧しい者という二つの社会層が、観念の中に生まれる。

遅ればせながら、三木のまわりで起こっているのも、似た事態である。「悲憤慷慨」の時代まで残っていた、経世済民《けいせいさいみん》の献身的担い手に期待される「素養」や「修養」に代わって、この時期には「教養」が、エリート青年の課題となる。教養は知識の集積ではない。「教養の観念」は、と三木はいう、「むしろ意識的に政治的なものを外面的なものとして除外し排斥」する。内面的な教養を身につけることが、社会的指導層に期待される「人格を磨く」ということである。

こうして、「人格の価値の絶対的なることを信じた」三木は、ここで哲学を志す。「自分は徒《いたずら》に外面的に発展せんよりは、寧《むし》ろ退いて孤独の中にあって自分自身の秀れた世界を造ろうと思う。斯《こ》うして哲学に対する興味は著しく増進し」、「自分は今や自分の全生涯の心血を傾倒して研究すべき対象を得て、随喜《ずいき》した」。

当時、そのような人格への時代志向に対応する哲学思潮が流行していた。新カント派である。新カント派については後に説明するが、三木もまた、「自分を主として京都へひきつけたものは、西田、朝永《ともなが》の両教授であった」、と書いている。西田幾多郎と並べて挙げられているのは、新カント派の哲学者で『近世に於ける我の自覚史』を書いた朝永三十郎のことである。

知識人に対する社会的需要が質量ともに変化しつつある。三木も「寄宿舎の消灯後蝋燭《ろうそく》の光で読み耽《ふけ》った」というベストセラー、阿部次郎の『三太郎の日記』はいう。「生きるための職業は、魂の生活と一致するものを選ぶことを第一とする」。「魂を堕落させる職業は最も恐ろしい」。エリート青年たちの身に、教養ある個性を身につけねばならないという強迫観念が生まれている。

いつでもどこでも、大衆は孤立しない。そのことで彼らは、時に現実の為政者よりも国家主義的にもなるし、逆にありふれた革命家よりも革命的にもなる。その大衆からの距離が、さし当たり知識人としての自己認識である。そこにつきまとう「孤独」の陰もまた、むしろ孤高をよしとするエリート知識人の、大衆からの距離の表現といえる。

さて、三木が一高に入学した年に始まった世界大戦は、膠着《こうちゃく》した欧州戦線で大量の生命と物資を消耗しつつあり、泥沼の中から厭戦《えんせん》の気分が広がり始めている。そして一七年の秋、厭戦と革命の声が更に高まるロシアで、遂にレーニンに率いられた革命派が蜂起《ほうき》する。

その年三木は、一高での三年間を終えて、京都帝国大学に入学する。

個性と歴史

『善の研究』 「あの頃、一高を出て、京都の文科へ行く者はなく、私が始めてであった」。「京都へ行ったのは、西田幾多郎先生に就いて学ぶためであった。高等学校時代に最も深い影響を受けたのは、先生の『善の研究』であり、この書物がまだ何をやろうかと迷っていた私に哲学をやることを決心させたのである」。

『善の研究』は、京大に赴任したばかりの西田幾多郎の最初の著作である。かつて自由民権運動に挫折《ざせつ》した詩人の北村透谷《とうこく》は、「吾人《ごじん》は寧《むし》ろ思想の内界に於いて、遙《はる》かに偉大なる大革命を成し遂げ」るのだと宣言し、外的世界の閉塞と絶望に自らの「内部生命」を対置しようとした。そしていま西田は、家庭や職業上の深刻な挫折を背負って「life の研究者たらん」という決心を日記に書き、大逆事件の処刑が急いで行われた年に、『善の研究』を出版する。

繰り返すが、「life（ライフ）」とは生命であり人生であり生活である。「厳密に学的であると共に人生に対して指導の力を有するという体裁と資格を最もよく具備したもの」とは、先に触れた朝永三十郎が、新カント派の哲学についていった言葉であるが、『善の研究』もまた、そのような意味で、「人生の問題が中心であり、終結である」著書であった。「知識的確信と実践的要求」を求めて

『善の研究』表紙

その書を読む者は、認識論的な議論から倫理の問題へと導かれる。

出版当初はあまり知られなかった西田の著書がやがて当時の青年たちに熱く迎えられてゆくのには、評判となった倉田百三《くらたひゃくぞう》の書『愛と認識の出発』の影響も大きい。孤独を求めて孤独の虚しさに直面していた倉田は、『善の研究』の序に書かれていた「独我論を脱することができた」という言葉を読んで、その感激を自らの著に書き記す。

近代科学は、世界を純粋な認識主観にとっての対象世界とみなすことではじめて成立し、そしてまた近代社会は、自由な個的主体を社会の構成要素とみなすことではじめて実現される。このような近代における自立的な「私」の確立の哲学的な表現である独我論は、主観ないし主体としての私が客観世界から分離することから来る以上、そこから脱出する道を探るには、主客が分離する以前の場面に立ち返り、経験そのものを素直に見直すことから始める他ない。そう考えた西田は、その著書で、W.ジェームズの「意識の流れ」やベルクソンの「純粋意識」といった哲学概念をも参照しつつ、自他の区別も知・情・意の区別も現れない前の「純粋経験」を真実在と見ることから、主観と客観、自己と他者、意識と物質といった対立を乗り越えようとする。

こうして、西田は、「純粋経験を唯一の実在としてすべてを説明」することで、「個人あって経験あるにあらず、経験あって個人あるのである、個人的区別より経験が根本的であるという考えから独我論を脱することができ」た、と書く。だが、既に述べたように、西田にとって、「独我論の脱出」という課題は「知識的確信」だけの問題ではなかった。純粋経験を形而上《けいじじょう》的な真実在と捉え直してゆく中で、西田は、家庭の不遇に苦しみ自意識に悩みつつ、禅体験を踏まえてようやく到達しえた境地を、イギリスの理想主義的な人格倫理学などを参考にしつつ理論化することで、「人生問題」への答えを見通そうとしたのである。

急普請で進められる近代化に距離をおきつつ、孤独のうちに新しい共同性に通じる人生の方向づけを模索していた迷える知識人青年たちにとって、西田の哲学こそ待たれていた思想だった。三木もまた、「そこに於いて嘗《かつ》て感じたことのない全人格的な満足を見いだすことが出来て踊躍《ようやく》歓喜し」、「哲学というものがこのようなものであるなら、哲学をやってみよう」と決心して、入学前に西田を訪れ、京大への進学を選択する。

「語られざる哲学」

時代は急速に動いている。だが、前述の通り一七年に京都に来た三木は、時代の「波」を「ひしひしと感じ」ながらも、なお、「いわば茫漠《ぼうばく》たる哲学時代」を送る。

当時の大学は夏休みが学年の区切りになっていたが、三木は、大学の二年を終えた一夏を、上京して友人と家を借り自炊して過ごした際に、一冊のノートを書いている。そこで彼は、自らを反省しつつ、教養者としてのライフの行く末を自問する。

青年三木が求めるのは、「論理の巧妙と思索の精緻《せいち》とを誇」るような「講壇で語られ」る哲学ではなく、むしろ「語られざる哲学」である。それは、「純粋なる心情と謙虚なる精神」とをもって、「よく生きる」ために、「真に個性の何たるかを理解すること」である。

だが、自らの個性の追求は、ますます孤独な「独我論」に迷い込むことにもなりかねない。こうして、孤独な出離者たちのライフは、都市空間で新しい共同性を求める。ちょうど京大入学の年に出た萩原朔太郎《はぎわらさくたろう》の詩集『月に吠《ほ》える』を、三木も読んだだろうか。「人は一人では、いつも永久に、永久に、恐ろしい孤独である」とうたった詩人もまた、「さびしい人格が私の友を呼ぶ」と続ける。三木もまた、「寧《むし》ろ退いて孤独の中にあって自分自身の秀れた世界を造ろうと思う」といいつつ、「これと同時に真の友達を求めて交わりたいと云う要求も起ってくるようになった」、と書く。もちろん、ありふれた思春期の感傷ではあるが、それでも、そのような感傷に意味があると思うのが、時代風潮であった。

いまは「何より第一に自我を他と異ったものとして感じまた主張する時代」である。だが、「個性」は、孤立の核であってはならない。「自己に目覚める心はやがて他人に目覚める心である。自分自身に次第に深く目覚めてゆくに従って、私たちの他の人格を理解する深さと広さとはそれだけ次第に増大してゆくのである」。人格は、私と普遍的価値を、個性でつなぐ。個性こそ、「他と異なったもの」である私が、しかも独我論を脱して再び共同世界に開かれるべき通路である。こうして三木はいう。「個性の根底は普遍的なるものにある」。それは、「永遠なる価値を求めるところに存在する」。個性という内なる「生命の泉」に忠実に従う「よき魂のみが、よき仕事を成し遂げることができる」。

この時期、あらゆるところで、溢《あふ》れ出る「生命」の喩《たとえ》が時代に呼び寄せられつつある。内から外へ、個人から社会へ、自我から普遍へ。例えば、『善の研究』の前年に創刊された雑誌「白樺」を代表する武者小路実篤《むしゃのこうじさねあつ》は、「生の伸長」を人類価値に至る道を拓《ひら》く合い言葉とする。また、獄中にあって大逆事件を危うく逃れた無政府主義者大杉栄《さかえ》は、雑誌を創刊し、「生の拡充」を宣言する。「僕は生の要求するところに従って」新たな「哲学を要求する」。

白樺派の中心は、学習院出身者などエリート青年たちであったが、とりわけ武者小路には、白らの個性を活かし、自我を解放してゆくことが普遍世界に繋《つな》がるのだという強い信念がある。そういうことを信じられるのがエリート意識であろうし、植民地化した隣国を通らないそのコスモポリタニズムの背後にも「一等国」時代の空気があろう。だがそれでも、その新しい開放感が、迷える青年たちを引きつける。三木もまた、「当時の教養思想の有力な主張者たちの多くがまた漱石門下であったということにしぜん影響され」て「漱石のものを比較的多く読」む一方、「白樺」の読者となり、とりわけ有島武郎《たけお》に関心をもつ。

啓蒙《けいもう》と浪漫

こうして、時代の動きを感じながらも、哲学に道を定めた若い三木は、西田の指導の下に論理と価値を巡る議論に参加してゆくが、やがて、次第に「歴史」に関心を集めてゆく。

「当時の京都大学は哲学科の全盛時代であるとともに史学科の全盛時代であった。その後私が歴史哲学を中心として研究を進めるようになったのも、そうした学問的雰囲気の影響である」。三木は新カント派や宗教哲学者波多野《はたの》精一の他、ランケ史学をひく坂口昂《たかし》から「世界史というものについて目を開かれ」る。

こうして三木は、独我論的私から普遍的価値世界への論理を構築しようという西田の問題を、個性から普遍的歴史世界への通路をつける問題と読み直し、自由な個性が世界史に参画することはいかにして可能か、という形で理論化しようとする。歴史は、諸個人が自由に個性を発揮しつつ、しかも調和ある普遍性が結果されるようなものでありたい。ありふれた願いにみえるが、ある意味でこれが、三木にとっての生涯の課題となる。

二年の時書いたレポートを別にすれば、三木が始めて自論を公にしたのは、大学卒業直前の二〇年七月に哲学誌に掲載された「個性の理解」である。「個性の奥深い殿堂に到る道はテーバイの町の門の数のように多い」、という美文ではじまるこのノートでも、また同じ雑誌に載せられた卒業論文「批判哲学と歴史哲学」でも、若い三木は、改めて、主としてカントとヘーゲルを手掛かりに、個性から世界史に至る道を模索する。

自由な私的活動を原動力とする資本主義がもたらした近代という時代、人は、旧い社会秩序と世界観の束縛から解放されるが、解放された自由な諸個人は再びひとつの社会に統合されねばならない。だが分裂した個の再統合はいかにして可能か。こう問うなら、「独我論を脱」して新たな共同性を求める青年たちの課題は、近代そのものの抱える倫理問題であったことが分かろう。それは、個の解放と自立を主張する啓蒙主義の課題に続く時代の共通課題として、「ロマン主義」という名で呼ばれる広い思潮の中にある。広義のロマン主義は錯綜《さくそう》した多くの側面をもっているが、合理的理知に拠《よ》る啓蒙主義が拓いた自由に立ちながら、そこで軽視された感情や伝統の復権がはかられ、合理を越えた自我や生命の無限性や自然の神秘性が憧《あこが》れの対象となる。こうして、哲学思想に於いても、論理より情意が、存在より価値が重視されつつ、大いなる理念への統合がはかられる。

カントは、近代科学を支える合理的な理性能力を権利付けると同時に、理性を、市民社会を支える倫理的実践能力と見ることで、自立した個を社会に統合するという課題に答えようとした。すなわち、近代市民の自由とは、普遍的な理性規範に即して自らの行動を律し、他者の人格を尊重するところにある、と彼は考える。こうして三木は、個の確立と再統合を課題としたカントを、啓蒙主義の完成者であると同時に「ロマン主義の嚆矢《こうし》」、先駆けと見る。だが、理性の普遍性に依拠するカントのような立場は、それぞれの歴史と伝統を背負って成立する現実の民族国家には接合し難い。

カント

一方、三木がロマン主義哲学の代表として取り上げるヘーゲルは、カント的な自省的倫理観を乗り越え、歴史のダイナミズムの中で、共同倫理の現実体を捉えようとする。彼によれば歴史とは、絶えざる分裂と統一を通して、世界理性が自らを実現してゆく過程であり、その最終段階で現れる最も普遍的な人倫共同体の理念が、近代国民国家に対応する。

ヘーゲルは、このような歴史のダイナミズムを、「弁証法」と呼んだ。ギリシアに起源をもつ「弁証法」という言葉は、一九世紀から二〇世紀半ばまで、西欧や日本の哲学思想の中で最も多く使われた用語とさえいえるかもしれない。弁証法とは、ひとことでいえば、矛盾を抱え込んだ論理である。数学の問題を解く時が典型的だが、私たちが普通、論理的に筋を通して物事を考え記述する際には、何より矛盾を排除する。ニュートンが「自然は数学の言葉で書かれている」といったように、近代自然科学を支える論理もまたそれである。しかし、もともと対話においては、私がいったことを相手が否定し、話し合っているうちにより高い考えに到達することがある。その場合には、私の意見と相手の意見の対立・矛盾がむしろ原動力となって、より高い考えを生み、そこに取り込まれたともいえる。ヘーゲルは、およそ運動や発展は、矛盾のない数学モデルの論理ではなく、矛盾を踏まえた「弁証法」の論理によって記述されると考えたのである。

だが、ヘーゲルの死後、西欧の歴史は更に進む。急速な産業の発展が多数の無産者大衆を生み出し、階級闘争が激化してゆく。そして、後に詳しく触れるが、ヘーゲルの弁証法と歴史観を観念的だとして、それを唯物論的に転換し、弁証法的な唯物史観を打ち立てたマルクス主義の思想が、無産労働者の闘争に科学的根拠を与え、革命を目指す社会主義運動が時代に楔《くさび》を打ち込んでゆく。だがその一方で、産業社会の進展とともに失われて行く共同心情をも、民族というロマン主義的物語の中に再編し利用しながら、帝国主義が西欧諸国を席巻《せっけん》している。

そのような階級闘争と帝国主義の時代にあって、中産市民層は、帝国主義的な民族的熱狂ともまた無産労働者の階級闘争とも一線を画しつつ、文化価値を軸にして穏健な社会統合の道を探ることで指導的立場を守ろうとする。こうした教養市民層の動きに対応して、「カントに還《かえ》れ」という合言葉と共に浮上したのが、先に触れた、新カント派と呼ばれる思潮である。

新カント派

新カント派は、前世紀後半から二〇世紀はじめにかけてドイツを中心に流行した哲学思潮である。うち、コーエンらの一派（マールブルク学派）は、客観世界の普遍法則性を主観の構成として基礎づけようとしたカントの立場を徹底することで、自然科学など実証科学の支配に対抗しようとし、またリッケルトらの一派（西南ドイツ学派）は、法則記述的で価値中立的な自然科学に、個性記述的で価値定立的な歴史科学を対置することで、実証主義的な社会科学や歴史認識に対抗し、世界に価値を回復しようとする。

いずれにしても彼らは、経験科学的思考を、ひいては当代のマルクス主義をも、全てを客観世界の出来事として解釈する没価値的な実証主義と受け止め、それに対抗して、今一度カントに戻り、認識主体でありまた価値主体である個的自我の優位を確立しようとする。そしてまた社会的には、文化価値を理想とし、普遍的な人格的価値に基づく社会統合に階級対立を包摂《ほうせつ》することで、現実世界に対処しようとしたのである。だが、新カント派的な思潮は、階級闘争の激化と民族意識の高揚の狭間《はざま》でもまれている。

日本においても、既にみたように、新カント派とくに西南ドイツ学派の思想が哲学研究の新時代を拓き、「人格を磨け」という呼びかけに始まる三木の学生時代は、銀行家でもある左右田喜一郎《そうだきいちろう》などが論壇で活躍する、「日本における新カント派の全盛時代」となっていた。こうして三木も、「新カント派に導かれて歴史哲学の研究に入った」のであった。

ただし、三木が後に振り返って書いているように、大正時代の文化主義や教養主義を支える思想となった「日本における新カント主義は、日本の社会の現実の事情に相応して、特殊な性質のものであった」。漱石が日本の「開化」の特殊性について指摘したように、ここでも、カントから新カント派まで一世紀の哲学思潮が一挙に押し寄せて、「一般には、新カント派を通じてカントに還ることによって同時にカント以後のいわゆるドイツ浪漫主義の哲学に結びつくという傾向が濃厚であった」。「これは、社会的に見ると、日本においては資本主義とか自由主義とかが純粋に発達しなかったといわれる事情に相応すると考えることができるであろう。ともかく私自身、歴史哲学の研究においても、新カント派から出発して、フィヒテ、シェリング、ヘーゲルなどのドイツ浪漫主義の哲学に進んでいった」。

個性と世界史

広くいえば西田幾多郎も、マルクス主義を含めた実証科学主義的な傾向を批判しつつ、個人と社会を統一する道を探るという新カント派の課題を承《う》けている。ただし西田は、先にも触れたが、認識論的な価値論の次元を出ない新カント派の脆弱《ぜいじゃく》さを克服し、基底的な出発点として具体的な直接体験に立ち返ろうとした点で「生の哲学」にも呼応しつつ、現代哲学の先端で広義のロマン主義復興の一翼を担っていることを意識している。

「生の哲学」は、一九世紀のニーチェらに繋がる思潮であるが、狭義のそれは、新カント派の個性重視を承けながら、より直接的な「生きている」事実世界の究明に向かった哲学思潮である。「生」とは、つまり前述の「ライフ」であるが、ベルクソンやディルタイらは、その言葉によって、人間が生きている現在相を表そうとした。すなわち彼らは、認識する、あるいは価値を定立する主体としてではなく、より広く、歴史を生きる主体として「生」という概念を立て、近代の合理的な認識重視の姿勢に対して、認識以前の「生き」られつつある体験を重視し、そこから歴史学や精神科学を組み立て直そうとした。このような生の哲学は、現に生きている私の実感を生命の創造性に繋《つな》ぐ思想として関心を呼ぶ。

三木もまた、一高時代にニーチェなども読んでいるが、いま、西田の思想圏で、「新カント派から出発して」「ドイツ浪漫主義の哲学に進」み、普遍的な「理性」ではなく、「個性」という「生命の泉」を重視しようとする。

だが、特に歴史に関心をもつ三木は、前述のように、ロマン主義的な時代の共通課題を解決する道を「直接体験」から辿《たど》ってゆこうと苦闘する西田とは異なり、カントやヘーゲルを手掛かりにしながら、「歴史」の中で個性から普遍的世界に繋《つな》がる道を探ろうとしている。

だがそれは、簡単な課題ではない。普遍的理性に拠《よ》るカントでは情意をもって歴史を生きる個性や具体的な共同体は軽視され、人倫共同体を歴史主体と考えるヘーゲルでは個人は単なる駒《こま》になる。個人の自由を生かしながら世界史に参加することはどのようにして可能か。三木は、生涯を通じて、個の自立を促す啓蒙的理性と共同性への道を強調するロマン的情意という、二つの契機の統一を歴史の中に確認する道を模索し続ける。三木が、「ロゴス」と「パトス」の統一という課題を、自らの課題として掲げ続けるひとつの理由はそこにある。ロゴスとは言葉であり論理であり、一方パトスとは感情であり情熱であるが、三木はこの言葉の対を、生涯使い続けることになる。

だが、さしあたりいま、若い三木は、その課題を、文化的創造のうちに確認しようとする。個性的存在としての「私がほんとに自由であることができるのは」、「純粋に創造的になったときである」。そのとき私は、「宇宙と無限の関係にたち、一切の魂と美しい調和に抱き合うのではないであろうか」。だが、そう書きながら三木は、そのような調和はただ、歴史を文化史として捉えた場合に成立するに過ぎないということに気が付いていただろう。確かに文化史にあっては、例えば天才的な芸術家の「個性」的な創造が「人類の理念」である普遍的な美の実現をもたらすのだといえるかもしれない。

だが勿論、現実の歴史は文化史ではない。三木は、自由な個性の発揮を通して普遍的な世界歴史に参画してゆくという道を、まだ見出せないでいる。

日常世界の解釈

だが、時代は更に動いている。「私が学園で平和な生活を送っている間に、外の社会では大きな変動が始まっていた」。

「改造」の時代

三木が京大に入学した翌年、第一次世界大戦が終わる。日英同盟を結んでいた「大日本帝国」はこの大戦に参戦し、主戦場から遠いまま戦勝国側になったことで、経済的にも大きな利益をあげる。とりわけ重工業を中心に産業が飛躍的に発展し、資本の集中による財閥の支配権が確立してゆく。だがそれは、日本の社会で矛盾の深刻化と対立の激化が更に進むことでもある。「われらの大学生活を送って来た時代は、思想的には丁度《ちょうど》吉野作造氏等の所謂《いわゆる》デモクラシー華やかなりし時代であった、大正六年から九年へかけての時代、つまり日本の資本主義が日露戦争を一契機にして飛躍的な発展を遂げ、それがやがて最初の経済恐慌となって現れるまでの時代であった」。

「大正六年から九年」とは、一九一七年から二〇年にあたる。束《つか》の間の大戦景気に乗じた成金たちの話題が人々を驚かせる一方で、庶民の生活苦が深刻化してゆく。「デモクラシー華やか」な中に、ロシア革命の報が重なり、大逆事件以後「冬の時代」を耐えて来た社会主義者たちの活動が俄《が》然《ぜん》活発化する。大正デモクラシー運動も、一八年の米騒動に現れるような逼迫《ひっぱく》する社会状況に押されて、次第に生活者や労働者の切実な運動に受け継がれてゆく。無産者の組織的集団が歴史の舞台に登場し、二〇年には最初のメーデー集会が開かれる。翌年には、最大の労働者互助団体であった「友愛会」も、改名して階級闘争を掲げる組織に変貌《へんぼう》する。

「このような変化に応じて思想界にも種々新しい現象が現れた。大正七年の末、東大には新人会という団体が出来た。「改造」——すでにこの名が当時の社会にとって象徴的である——が創刊されたのは大正八年のことであったと思う。同じ年にまた長谷川如是閑《にょぜかん》、大山郁夫《いくお》氏等の「我等」が創刊されている。主として「中央公論」によった吉野作造博士の活動が注目された。これらの雑誌は私も毎月見ていたので、或る大きな波の動きが私にもひしひしと感じられた。京都はまだ比較的静かであったが、『貧乏物語』で有名になられた河上肇《はじめ》博士が次第に学生たちの注意を集めていた」。

ちなみに、「改造」が創刊された一九年は、北一輝《いっき》が『日本改造法案大綱』を書いた年でもある。様々な立場で、社会の根本的「改造」が、必至とされている。

卒業と留学　京大卒業の前年一九年の秋、三木は自動車事故にあい、一ヶ月あまり入院する。京都へ講演に来た白樺派の作家有島武郎を見送った帰路のことである。三木は命拾いをするが、見送られた有島の命は長くない。

三木が卒業したのは、戦後恐慌の二〇年である。「そのとし大正九年は」、「恐慌が日本をも見舞った年である。平和なりし青春は終って私の一生にも変化の多い時期が来つつあった。わが青春はほんとにはその時から始まったのであるといった方が適切であるかも知れない」。大学を卒業した三木は、大学院に席を置いて、私立大学の講師を勤め、また当時の制度により、三ヶ月の軍隊生活を経験する。ちなみに三木は学生時代に、軍人と政治家にだけはなりたくないと書いていた。苦痛の三ヶ月だったであろう。

ところで、華厳の滝に身を投げた藤村操の妹は、兄の級友の哲学者安倍能成と、波多野精一夫妻の媒酌《ばいしゃく》で結婚し、「巌頭之感」に涙した岩波は書店を開く。開店に際して看板の筆をとったのは、藤村や岩波の一高時代の師漱石であった。そして岩波書店は翌年、出版事業に乗りだし、事実上の第一冊として漱石の『こころ』を出し、また波多野、西田、朝永らを顧問に安倍ら同窓生の協力で「哲学叢書《そうしょ》」を発刊する。

このように岩波書店は、一高同窓生を通して、漱石と西田を焦点とする人脈の交差点に生まれたともいえるが、三木は、一高から京大へという進路をとることによって、その交差点に身を置いている。そして二二年五月、波多野の推薦を受けて、三木は、岩波の費用でヨーロッパ留学に旅立つことになる。創立したばかりの書店が、まだ二五歳の一青年の留学費用を出すということは驚きではあるが、京大始まって以来「空前の秀才」といわれた三木に対する岩波の先行投資は、結果的に大いに成功することになる。

さて三木は、留学先に、ハイデルベルクのリッケルトを選ぶ。新カント派のうち、先ず、歴史への関心が高い西南ドイツ学派を学ぼうとしたのである。そしてそこでもたちまち才能を発揮して、後にユニークな日本文化論で有名になる哲学者の九鬼周造《くきしゅうぞう》も、ゼミナールでの三木の発表を聞く。また三木は、ドイツ思潮の息吹を伝える小文を、岩波に書き送っては雑誌に載せる。

戦後ドイツ　三木が留学したドイツは、一九世紀後半に急速に帝国主義強国にのしあがった国である。帝政ドイツ同様に天皇を頂き急速に上からの近代化を進めてきた後進国日本は、様々な面でドイツをモデルとしてきた。だがそのドイツはいま、激動の渦中にある。

一九一八年、敗戦と共に起こった革命は帝政を倒し、共和制ドイツを誕生させる。だが、反革命の動きが続く社会混乱の中、社会民主党中心の政権は、社会主義革命を進めようとする最左翼のスパルタカス団を見殺しにし、ローザ＝ルクセンブルクら指導者は虐殺される。政府は、台頭する右翼勢力に悩まされながらも画期的な民主憲法を制定するが、社会的混乱は収まらない。その上、戦争による破壊と消耗に苦しむドイツに、戦勝国は巨額の賠償《ばいしょう》要求を突きつける。苛酷《かこく》過ぎる講和は、欧州に平和と安定ではなく危機と不安定をもたらすだろう。

ところでこの大戦を、当代ドイツ文学を代表するトーマス＝マンらは、「文化と文明との戦い」と捉えた。戦線の膠着《こうちゃく》を破って、ドイツ、イタリアなど同盟国側の敗戦を決定付けたのは、繁栄する資本主義国アメリカが、イギリスなど連合国側を後押しして参戦したことにあった。ゲーテとベートーヴェンの国が、そしてまたダ＝ヴィンチとミケランジェロの国が、建国後一世紀半に満たない物質文明の国アメリカに破れたのである。

実際、ヨーロッパには勝者はいない。長い泥沼の消耗戦の末に、アメリカの参戦とロシアの革命に追い立てられるようにして終わった世界大戦は、西欧社会に深刻な病弊と喪失感を残す。西欧に豊かな物質文明をもたらした科学技術は大量無差別殺人の道具と化し、自由と進歩の旗印は帝国主義戦争の中で汚されている。非西洋世界を収奪し支配しつつ、世界史の先端を疾駆《しっく》してきた西欧世界そのものが、いまや相互殺戮《さつりく》の舞台となった。こうして、西洋文明の全般的没落の予感が欧州の精神世界を覆《おお》う。ドイツではシュペングラーの『西欧の没落』が評判となり、フランスでも詩人のヴァレリーが、もはやヨーロッパ文化そのものが死を免れないと宣言を下す。

「後進資本主義国では、資本主義は、暗い運命と捉えられる」といったのはハンガリーの哲学者ルカーチであるが、それは必ずしも狭義の後進国だけのことではない。西欧の伝統に育った知識人たちは、資本主義がもたらした、受け入れざるをえない暗い運命に必死の抵抗を試みつつ、近代理性の立場を何とか危うく守るために、西欧文化の建て直しが必要であると痛感している。だが、それは可能なのか。至る所で、没落と幻滅あるいは叛乱と破壊が囁《ささや》かれる。今や「教養」は嘲笑と打倒の対象となり、ダダとシュールレアリズムの芸術家たちは、伝統的な美神に唾する中から、新たに「痙攣《けいれん》的」な美を生み出しつつある。

二二年、個性と教養の源を求めて三木が渡ったのは、そのようなヨーロッパでありドイツであった。社会民主党の政権下、社会閉塞からの出口を求める右翼攻撃の予感が漂う中、彼が着いたちょうどその日に外務大臣ラーテナウが暗殺される。そして翌年一月には、フランス・ベルギー軍のル

ハイデルベルクに留学した頃の三木（右から４番目）

ール占領をきっかけに、ドイツ経済は遂に壊滅し、たちまち天文学的なインフレが始まる。数百マルクだった英ポンドは、千マルクになり「やがてそれが一万マルク、百万マルク、千万マルクとなり、遂には一兆マルクになるというような有様で、日本から来た貧乏学生の私なども、五ポンドも銀行で換えるとポケットに入り切れないほどの紙幣をくれるのでマッペ（鞄《かばん》）を持ってゆかねばならないというような状態であった」。

現実の歴史は、三木が京都から持って行った思想的見取り図をはみ出そうとしている。新カント派の周辺で個性や教養といった問題を考えてきた三木の歴史観は、この激動する現実の歴史の前で余りにも無力である。

ハイデルベルクには、既に、羽仁《はに》（当時は森）五郎や大内兵衛《おおうちひょうえ》といった、後に名をなす留学生たちがいた。とりわけ親しく交わり、生涯の親友となる羽仁によれば、彼をはじめとする留学生仲間たちが三木に、未来のドイツ文化は「ゲエテの百千行の詩からではなく、ドイツ労働者のハムマアから」築かれるのではないかといった調子で議論をしかけると、それまで饒舌《じょうぜつ》だった三木は黙り込んでしまったという。

翌年三木は、現地の新聞に書いたドイツ語の一文の中で、日本における歴史研究を妨げてきたものとして、「仏教的な自然的汎神論《はんしんろん》」とともに「天皇制絶対主義」を挙げている。文脈上の主旨は、日本の歴史学が国学的な復古学から離陸しつつある現状の報告で、単語だけから余り強い意味を読みとることはどうかと思うが、しかしそこにも、現実の歴史の動きと羽仁らの問いかけに対する、三木なりの応答が読める。

確かに、彼の中で何かが変わろうとしている。

ハイデッガー

さて三木は、二三年秋に留学先を、新カント派のもう一方の中心地であったマールブルクに移す。当初の目当てはハルトマンだったが、すぐに彼には失望する。一方、岩波からアリストテレスに関する本を依頼されていた三木は、当時アリストテレス学者として知られていたハイデッガーがたまたまマールブルクへ移ってきたことを知り、彼に会いに行ってそのゼミに参加する。そして、もともとは彼が目当てだったのではないが、やがて四年後に『存在と時間』として姿を現す彼の存在論に出会い、大きな影響を受ける。

「ある」とはどういうことか、というのがハイデッガーの立てた問題である。その問いによって彼は、近代的な知ひいては人間のあり方を、根源的に捉え直そうとする。

近代的な知の仕事は、この世界に「ある」事物を「見て、知る」ことであり、そこでは、「ある」ことは暗黙の前提として問われないままになっている。ハイデッガーは、そのような「存在忘却」の歴史の根源を、古代ギリシア世界にまで遡《さかのぼ》る。そこで、見ること、そして見たことのみを語ることの優位が成立し、それが西洋的世界観の中心に受け継がれてきた。西洋知は、いわばその代償と

ハイデッガー

して近代文明を支える科学と技術を手に入れたのであり、それがもたらした豊かさに紛れて、人々は自らの死すべき「存在性」を問わないまま軽薄な日常を送っている。こうしてハイデッガーは、知と認識の場面ではなく、日常的な生活世界に立ち返り、人々が世界のうちにあるとき、その「ある」をどのように了解しているのかという分析を手掛かりに、近代的世界観の根底的な問い直しを遂行しようとした。

確かに、彼のように形而上学の歴史的根源にまで遡って近代批判を徹底しようとする視線の深さは、ニーチェ以外にはみられない。だが、ハイデッガーは何故、そのように近代的な知と人間のあり方を根底的に問い直そうと考えたのか。

ハイデッガーは、若い頃からカトリック保守派の活動に参加しているが、その運動の基底には、伝統と信仰に包まれた生活を乱し破壊する一切の傾向に対する、保守的な反撥《はんぱつ》がある。騒音に溢《あふ》れ時間に追われる軽薄な都市生活、刹那《せつな》的な享楽と投機的な利害によって離合集散する人々、科学技術によって大量に生産され消費される機能だけの没個性的商品など、「近代」がもたらした一切が、そこでは反感の的になる。そしてまた、ドイツの敗戦と戦後の状況が、その上に更なる屈辱感を重ねてゆくだろう。大戦を機に没落するヨーロッパを後目《しりめ》に繁栄してゆく新興国アメリカの優位、それは、文化に対する文明の、精神に対する経済の優位である。だが、翻ってみれば、そのような物質文明を生みだしたものこそ、西洋知の歴史に他ならない。ハイデッガーの視線の根源には、彼の生涯を通じて変わらない近代文明への反感がある。

ただし、都市的な喧噪《けんそう》に解放と自由を感じる人々とは逆に反感を感じる人々はどこにもいるが、西欧社会では往々にしてその反感の対象に「ユダヤ的」という符丁《ふちょう》が付されて来た。ハイデッガーにあっても、西欧的世界観の根源的な自省が、やがて、質朴《しつぼく》なアーリアの血と地を脅かすものへの反感共同体に対する自己投与として熱を帯びることになる。たとえ具体的関与は一時的なものであり、また一定の失望を経験したとしても、ハイデッガーのナチズムへの加担は決して偶然的なものではない。

日常性の解釈

とはいえこの時期、まだナチズムの姿はあからさまではない。そして、後にナチス党員となったハイデッガーを強く批判することになる三木もまた、いまはまだ彼の近代批判の底にある反感の質には気付かないまま、日常世界に立ち返って人と世界の関わりを根源的に見直そうという彼の視線に強くひかれる。そしてそこに、個性を普遍的な世界史に繋ぐという、京都から持ち込んだ教養主義的な文化史観の限界を越える道を見出そうとする。

三木が書いた羽仁宛の手紙を、ドイツ語の部分を日本語に直して引用しよう。「私は現代人に課せられた哲学上の主要問題は、ロマン主義の完成と征服とにあるのではないかと考えてみた」。市民革命後の国民国家形成に見合ったヘーゲル的なロマン主義が、マルクス主義や新カント派などによって越えられてゆきつつあるなか、しかし「同じくロマンティクの征服を志しながら自らは〈ロマン主義者〉であった人々」、つまりニーチェやディルタイなどを、三木は見ている。三木はいう。「私達の問題はこれらの人達の問題と最も縁が近いように感じられる」。それが、「ロマン主義を克服するロマン主義」である。

そして三木は、次のように続ける。「私のロマンチィクは、英雄的な傾向を棄《す》てて、日常的なものの中へ侵入する。私のロマンチィクは、理念世界から現実の事柄の中へ降りて来る。私は現実存在（Dasein）の解釈から問題を始める。そしてそこで歴史性が中心問題になる。歴史性を重んずる限り私もロマン主義者である」。三木のいう「英雄的な傾向」とは、学生時代のように文化史上の天才といった選ばれた個性に着目する傾向のことである。三木はそのような見方を棄てて、「日常的なものの中へ」視点を移そうというのである。それはまた、「理念世界から現実の事柄の中へ降りて来る」こと、つまりカントやヘーゲル、さらには新カント派を手掛かりにしてきたこれまでの議論から、ありふれた物と関わる日常的な生活行為の世界へ視線を向けることである。ハイデッガーを学んだいま、三木にとっては、日常的な生活行為においてこそ人は歴史の主体である。こうして三木はいう。「具体的な生を分析する」こと、つまり「〈生の解釈〉が哲学の中心問題である」。

そのような視点を踏まえた三木の最初の仕事が、やがてパスカル論として結実する。

『パスカルに於ける人間の研究』

天文学的なインフレという「ドイツ人の不幸は留学生の幸福」であった。ドイツマルクの価値の激しい下落によって、外貨を使う留学生らは非常に有利になったのである。三木は、レーヴィットやマンハイムといった、哲学者や社会学者として後に名をなす錚々《そうそう》たる人々から、個人的な指導を受ける。そして、彼らの指導もあって、伝統と革命のせめぎ合うドイツで、マルクス主義をも含めた現代思潮を吸収し、そこに自らの位置を探ろうとする。だが彼は、こうして当代ヨーロッパの思想課題を共有することができた、実り豊かなドイツにも二年いただけで、更に二四年の夏パリへ移る。

『パンセ』、生の存在論

そして秋、フランス語の勉強のついでに、「ふとパスカルを手に」した三木は、読み進むうち、異国の部屋で涙を流す。そして、「ハイデッゲル教授から習った学問が活《い》きてくるように感じ」、「そうだ、パスカルについて書いてみよう」と「思い立ったのである」。こうして、早くも二五年二月には「私は私のパスカル研究の第一部、「パスカルと生の存在論」を書き終った」と手紙に書き、次々と論文を岩波に送って発表してゆく。

そして三木は、その年の一〇月に三年半の留学生活を終えて帰国した後も、引き続き疲れを知ら

『パンセ』表紙

ぬようにパスカル論に力を注ぎ、翌年五月に、「私は到頭《とうとう》パスカルをやり上げてしまった」、と羽仁に書き送る。六本の論文を含む三木の処女作『パスカルに於ける人間の研究』が岩波書店から出版されたのは、二六年六月のことであった。「ふとパスカルを手にし」、「そうだ、パスカルについて書いてみよう」と思い立ってから、僅かに約一年半。余りにも鮮やかなデビューであった。

「人間は考える葦である」という有名な一句で知られるパスカルの『パンセ』は、もともと未整理な状態で残された大量の草稿断片を集めたものである。三木は、ハイデッガー特有の用語も借りながら、それらの断片から大変鮮やかにパスカルの人間観を引き出してみせた。三木の手法の鮮やかさと、それによって浮かび上がるパスカルの人間観の深さは、少なからぬ知識人青年たちを魅了する。

既に触れたように、ハイデッガーの下で学んだ三木は、日常的な「具体的な生を分析する」という目標を立てている。三木は、パスカルの『パンセ』の中に、同じ思想的な営為をみたのである。パスカル論の「序」で三木はいう。「『パンセ』に於いて我々の出逢うものは」、「具体的なる人間の研究、即ち文字通りの意味に於けるアントロポロジーである」。「アントロポロジーはひとつの存在論である。『パンセ』を生の存在論として取扱おうとすることは私の主なる目論見《もくろみ》であった」。三木は、ギリシア語に由来するアントロポロジー、アントロポロギーという語を、「人間学」という訳語と共に、以後しきりに用いることになる。

さて、三木は『パンセ』を「生の存在論」として扱おうというのだが、しかし、もともと『パンセ』は、晩年のパスカルが宗教論争に関わって書こうとした本のための草稿断片である。そこで三木は、「理論の系譜学」と呼ばれるひとつの方法を用いる。理論の系譜学とは、ニーチェの用語である。ニーチェがある思想を前にして問題にするのは、何故その思想が生まれたのかという由来、系譜である。例えばキリスト教が強調する誠実の倫理は強者への弱者の妬《ねた》み（ルサンチマン）に由来する、というように。

三木もまた、人が紡ぎ出すどんな概念もどんな理論も、人が自らを含む世界とどのように関わりあっているかという「基礎経験」に由来すると考える。三木によれば、『パンセ』のある箇所ではパスカルにとっての「基礎経験」が直接的に表され、そしてまたある箇所ではそれが「概念」的に表現されている。そこで三木はいう。「私はパスカルを解釈するにあたって意識的にひとつの方法を用いた。それを最も平易な形式で現せばこうである。概念の与えられているところではそれの基礎経験を、基礎経験の与えられているところではそれの概念を明らかにするのが解釈の仕事である」。

悲惨と救済

デカルトの同時代人パスカルが生きた一七世紀前半には、近世までの社会構造とそれに対応した世界観が崩《くず》れつつあった。実験精神に富んだガリレオ、ベーコンによって明けたこの世紀には、世界は神の定めた有機的秩序のもとにあるという観念が解体し、万物は単なる無機的な物質として、それを容《い》れる時間・空間もまた、数学的に記述できる等質な無限の広がりとして扱われはじめる。当代随一の数学者また科学者としてそのことに誰よりも深く気付いていたパスカルは、無限等質空間に漂う人間存在の在り方に慄然《りつぜん》とし、ある回心を経てただ信仰に生きることを決心する。やがて彼の属する信仰集団が宗教論争に関わることになったとき、彼は、後に『パンセ』に収められることになる断片の中に、神を知らずに拠り所無く漂う人間の限りない不安と、神を信じる者が得られる安心と確実を書き付ける。三木が心を打たれたのは、そのようなパスカルの人間観であった。

三木はいう。「パスカルの思想に於いて中心的意義を有するものは「人間」の概念である」。彼は「実に、人間的存在の分析と解釈とを目指している」。ではパスカルは、人間をどのような存在だと見たのか。

パスカルによれば、我々人間は広大な宇宙に比べれば虚無に等しい存在でしかないが、また逆に極小の微細物からみれば宇宙に等しい無限大の存在である。そこで、「中間者」としての「人は自己が無限と虚無のふたつの深淵の間に」あることに怖れ戦《おのの》き、両者の間を絶え間なく揺れ動く。こうして、「不安定な動性」が、「人間という存在の最も根本的な規定である」。「生（vie）」とは、そのように絶え間ない運動のうちにある「人間の具体的なる存在性の概念」に他ならない。

さて、そのような「生の動性」の第一の契機は「不安定」であるが、第二の契機は「慰戯《いぎ》」である。人間は、目的なく不安定に揺れ動く動性から来る「倦怠《けんたい》と悲惨」から逃れるために、様々な慰めや戯れによってこの事実を覆い隠し、気を紛らせている。そのような「慰戯の特性は生の自己逃避」であり、「世界への堕落」であり、存在が「覆われてある」「虚偽」である。逆に、「パスカルが欠陥と悲惨とを真理と呼んでいるのは、まさしくこれらの状態が人間の存在を覆うことなく明らさまに見るとき常に現れていることを謂《い》うのである」。

だがしかし、人間はそのように悲惨で無力な存在であると同時に、自己意識をもった存在である。「パスカルはこの生の動性の第三の契機を「意識」と名付けている」。パスカルによれば、「意識は自覚的意識として世界へ堕落せんとする自己を回復する」。人は、自らが目的もなく揺れ動く中間者でしかないという事実に向き合ったとき、いわれもしれぬ恐怖を感じて恐れ戦くが、そのことは、人が存在の悲惨から目をそらせて気晴らしのうちに自分を見失っている状態から、自覚的に自己自身へと復帰する端緒でもある。こうして、「パスカルによれば、自覚的意識こそ人間の品位であり、光栄である」。「人間はひとつの葦」であり、「自然のうち最も脆《もろ》きものに過ぎない。しかし彼は考える葦（roseau pensant）である」。そこに人間の「偉大」さがある。

三木によれば、このように、「人間存在の悲惨さと慰戯との関係を認識するのが、生の解釈学、すなわち哲学である」。「パスカルは人間の斯《か》くの如き存在の仕方を一層明白に「哲学的なる生」と名付けている」。「哲学は、このような自覚的意識として、生そのものに属している」。

哲学と宗教

さて、自覚的な意識にとって最大の問題は死と確実性の問題である。三木はいう。「『パンセ』の全編を通じて、これを浸透し、これを支配するものは「死」の観念である」。「生の動性はその自覚的なる具体性に於いて不安である」が、最大の不安は、「死の不安」だからである。「死はまさしくこの存在の問わるべき性質を最も顕《あら》わにするが故に、死の関心に於いて生はその存在性を示すと考えられる」。死という「この退引《のっぴ》きならぬ立場に立って生を親しく反省する死の見方こそ生を理解する所以《ゆえん》でなければならぬ」。

けれども、生を解釈しようとする哲学は、人間存在の悲惨に気付きながらも、そこから生まれる根源的な不安を解消できない。この不安は生の不確実から来る以上、それを解消しうるものは、「確実」であって、「ここに「確実」が生の最も特殊なる関心となるべき最後の理由は存在する」。だが、「確実は神の外にはない」。こうして、「ひとり宗教のみが人間的存在に於ける偉大と悲惨のあいだの矛盾に解決を与えることの出来る理解の仕方を教えるのである」。すなわち、キリスト教は、人間存在がそのような矛盾のうちにあるのは原罪によるのだという真理を明らかにすると共に、そこから救済される道をも我々に指し示す。生の不安を取り除き、悲惨な我々の存在に愉悦と平和をもたらすのは、知識でなくて信仰である。「悲惨と偉大、限りなき循環に終わる矛盾を綜合《そうごう》するものは唯一なる人格に於いて神的と人間的との二つの性質を結合するキリストである」。

こうして、三木はいう。「生の全き理解は宗教のみの能《よ》くするところである」。「『パンセ』に於いて企てられた生の解釈」とは、「人間の存在を超越的なるものとの関係に於いて解釈する」ことにある。

以上のようにして三木は、断片的なパスカルの思想を、信仰に至る「生の存在論」として、鮮やかに描き出したのであった。

『パスカルに於ける人間の研究』は三木の代表作のひとつであり、「実存哲学的な立場からのパスカル解釈」として世界的にもレベルが高く「不朽の名著」として読み継がれている、といった高い評価がある。その一方、確かに鮮やかなものではあるがしかし結局解釈に過ぎない、という評もなくはない。少なくとも、パスカルの人間観に共感しつつも、三木自身はキリスト教の信仰に入るのでもなく、読者を入信させようとするのでもない。

だが三木は、この著で確かにある一歩を踏み出している。「私は新たに出発しよう。私は生そのものの考察から出発しよう。生とは世界に於ける存在である。存在は根源的に不安である」。人間の内部には個性という無限の豊かな泉があるというかつての確信は、ここにはもはやない。三木はキリスト者ではないが、しかしここで私の根拠は神にしかないというパスカルの言葉を記すとき、彼はその言葉によって、私の根拠は私の内部のどこにもない、といっている。三木がかつて豊かな個性に恵まれた自立存在とみた人間は、いまや拠り所をもたず、しかもそれを知らないまま世界を漂っているだけの存在である。

だが、と三木はいう。慰めと戯れに気を紛らわせている日常性の

パスカル

背後には、通奏低音のように消すことのできない不安というパトスがあり、日常世界にとって異和的なそのパトスに気付くとき、人は偽りの共同世界から離脱する。そのとき、秩序を全く異にする新しい共同世界への扉が開かれ、その新しい世界が、日常的な生を根本的に変革し、人を救う。それが、三木がパスカルから読みとった、日常批判の構図である。

ここで着目された、表層的な日常世界と、それに異和的な根源的パトスから開ける新しい共同世界という二重性は、以後、生涯を通じて三木の思索の重要な枠組みとなってゆくだろう。「パスカルに就いて書いてゆきながら」、と三木自身書いている、「研究が私自身の道を歩み出して来たのを感じる」。パスカル論は、「私のその後の研究の基礎となるようなものでなければならぬ」。

存在の存在性

三木はパスカル論を出した後に、「問いの構造―解釈学的研究」、「同、続」、「解釈学的現象学の基礎概念」という、三本の方法論に関する論文を書く。おそらく、机の上にはマールブルクでのノートがあったであろう。それらの論文中には、『存在と時間』で用いられることになるハイデッガー独特の用語が非常に多い。

『存在と時間』でハイデッガーは、ディルタイを批判しつつ、存在者を具体性の次元で問題にするのではなく、存在そのものを問わねばならない、と強調する。だがもともと彼は、意識に現れるものをそのまま記述しようというフッサールの現象学に出発しながら、意識の事実ではなく日常的な生の事実へと視線を移そうとして、ディルタイの解釈学にも強い関心をもっている。彼が『存在と時間』の筆を置いたのは二六年春であるが、二三年に彼に師事した田辺も、続いて翌年にかけて彼のゼミに参加した三木も、ハイデッガーをフッサールではなくディルタイの解釈学に引き寄せて捉えている。

先にも触れたが、ハイデッガーの立てた存在論の課題は、「ある」とはどういうことか、を問うことである。彼は、Sein（存在、あるということ）を、何より「存在するもの、あるもの」から区別する。そして彼は、『存在と時間』で、Sein そのものを問うために先《ま》ず、特別のあり方をしている人間存在のあり方を分析しようとする。例えばこれは椅子《いす》で「あり」、そして私は机の前に「ある」椅子に座って「いる」、といったように、人は世界の〈うちに〉あって、日常的に、「ある、いる」という意味を了解している。その意味で人は、〈現にそこ（da）〉から世界の「ある」が開けるその場所にいる。こうしてハイデッガーは、人間存在を Dasein（〈現にそこ（da）〉にいる、現存在）という独特の語で表す。だが人が、世界が「ある」ことを了解しているというのは、人が世界へと関わり、存在するものを超えて存在へと向かうことである。そこで彼は、そのあり方を、超え出る存在という意味もこめて、Existenz（実存）と言う語で表す。

だが三木は、Existenz という語と並んで Sein、Dasein という語を、解釈学的現象学という方法にとっての重要な概念としてハイデッガーから借りつつも、それを彼とは別の意味で用いる。すなわち三木は、ハイデッガーが人間存在を表すのに用いた Dasein を、「現実的存在、或いは簡単に、存在である」という一方、Sein とは、Dasein が「如何にあるか」という「存在の仕方を、簡単には、それの存在性を」意味するという。例えば私が会合の受付をしている時、目の前のモノは「椅子として」そこにあり、またあの人は「来会者として」そこにいる、というように。世界の事物は何か〈として〉そこにあり、そのようなもの〈として〉私たちに出会う。「存在が存在性に於いて自己を顕わにするとは恰《あたか》もこのことである」。つまり、三木においては、「そこにあるもの（Dasein）」が、あれこれのもの「としてある、である」という、そのことが問題にされるのである。

さらに、あるものを何か〈として〉あらせるのは、それもハイデッガーにならって「関心」であると三木はいう。何か〈として〉あるものは、日常世界で関心されたものとして、「常にそれ自身に於いて有意味的である」。ハイデッガーは、関心、すなわち世界へと関わってゆくという人間存在の本質的なあり方を問題にするが、三木は、受付という関心にとって彼は来会者〈として〉ある、というような、具体的な関心と意味世界との相関関係そのものを問題にする。

先に引用した友人羽仁への手紙で三木は、「原始的理解の構造」を研究したいという決意を述べ、「歴史的存在の特性は、環境世界の解釈にあるのではないか」と書いている。歴史とは普遍的な人類的価値から解けるものではない。歴史的存在としての人間は日常的に事物とどのように出会っているか、逆にいえば、歴史的な世界は人々の出会い方、関心のあり方に応じて「どのようにあるのか」、という問いを、ここで三木は立てている。後にみるように、このような人々の関心と世界のあり方の相関関係を歴史の中でみてゆくことは、引き続き三木の一貫した主要課題となってゆくだろう。

Ⅱ 革命と主体

「ひとりはみんなのために、みんなはひとりのために」(映画「戦艦ポチョムキン」の一場面 ©RIA Novosti/ amanaimages) 1925年に作られたエイゼンシュテイン監督の「戦艦ポチョムキン」は、1905年に起こった黒海艦隊の反乱を、〈モンタージュ〉技法で描いたもので、世界映画史上もっとも重要な画期的作品とされる。ただし、戦前の日本では正式公開は禁止され、またエイゼンシュテインの作品も、この後はすべてソヴィエト政府によって改訂させられた。

マルクス主義と革命

東京へ

さて、二五年一〇月に留学から帰国した三木は、引き続きパスカル論に力を注ぎ、前述のように翌年六月に処女作を出版する。そして、第三高等学校や私立大学などで講師を勤める他、戸坂潤《とさかじゅん》をはじめとする後輩たちとアリストテレスの購読会をもつ。また、西田の紹介で、マルクス主義経済学者となっている河上肇のヘーゲル弁証法の勉強に付き合ったりしながら、自らも唯物史観に取り組みはじめる。

当然、三木を知る誰もが、彼は母校である京大の教壇に立つものと信じており、本人もまたそのつもりで、招かれるのを待った。

しかし結局、ことはそのように運ばない。ちょうど定年退職の西田から田辺元へと主任交代の時期に当たっていた哲学科は、三木を拒否する。往々にしてアカデミズムは、保守権力的な顔を見せることがある。過去の女性関係が問題視されたといわれているが、口実であろう。先に触れた学生時代の手記で三木は、「講壇で語られ研究室で論ぜられる哲学」への不信感を漏らし、「所謂《いわゆる》講壇的哲学者には頭があっても魂がない」と書いている。同時に自らの「傲慢心《ごうまん》」を反省的に認めている彼は、親しい場所で講壇哲学批判を口にしていてもおかしくない。そのような若い研究者を「帝国大学」に受け入れるだけの度量が田辺らにあってなお、退けることができなかった口実とは思えない。

友人羽仁は、それ以来、「わが兄、わが師、三木清を追払った京都に、二度と来る気がしなかった」、と語っている。ちょうど母を亡くしたばかりでもあった三木自身も、やはり挫折感を味わったようだ。だが、見方を変えれば、この出来事は、気鋭の哲学者三木にとって、「講壇的哲学」の枠を超えた、より広い世界を拓くきっかけとなった。

こうして、元号も昭和に変わった二七年四月、三木は自らの哲学を育てた京都の地を後に、再び東京に出る。「自由と進歩」を掲げて建学したばかりの法政大学に、哲学科主任教授の予定で招かれたのである。

同時に三木は、留学の費用を負担してくれた岩波書店に本格的な協力をはじめ、これ以後、様々なシリーズ出版を次々と発案し、助言し、またそれらの企画編集の中心ともなって、いわゆる岩波文化に大きく寄与してゆく。早くもその年七月に、ドイツのレクラム文庫を手本に創刊された岩波文庫は、その最初の成果であった。以後、河上肇訳の『資本論』など、古典的な名著を安くて手軽な小型本にした岩波文庫は、学生ら若い読者層に大きな支持を得てゆく。「はじめに」にも書いたように、三木は、今の文庫本隆盛を作り出した功労者なのである。

第四階級の時代

未曾有《みぞう》の大震災を経て、新たに生まれ変わろうとしている首都に、「大衆」ということばが登場し、大正時代以来の生活様式の変化に益々拍車がかかってい

上　文化住宅（大正時代）　和洋折衷の様式で建てられている。
右　「キング」創刊号の表紙

る。郊外の開発地に建てられた文化住宅から電車で通勤するホワイトカラーも増え、バスガール、電話交換手などなどの「職業婦人」はもはや珍しくなくなり、断髪洋装の「モダン・ガール」が颯爽《さっそう》と銀座を歩くようになっている。蓄音機やラジオが流行音楽を流し、映画館が国産映画やハリウッド映画を上映。欧米文化の流入を受けて、大衆映画、大衆音楽、大衆文学が盛んになって「モダン」な折衷《せっちゅう》文化が、庶民にも親しまれてゆく。

こうして、本や雑誌を読むこともまた、一部社会層の特権的趣味ではなくなりつつある。「階級の別」のない「国民読本」を目指して二四年暮に創刊された大衆娯楽雑誌「キング」が驚異的に売り上げを伸ばし、また、各社から一巻一円という破格の安さの文学全集が発刊され、いわゆる円本ブームを呼んでいる。岩波文庫もまた、このような時代の要請に応《こた》えようとするものであった。

三木が下書きを書いた岩波文庫の創刊の辞は、高らかに宣言する。「今や知識と美とを特権階級の独占より奪い返すことはつねに進取的なる民衆の切実なる要求である」。その一節は、円本全集の刊行に当たって改造社が出した宣言文の、「特権階級の芸術を全民衆の前に解放せんとす」

というくだりに呼応している。

知識や文化は、もはや特権階級の独占物ではなく、男の独占物でもない。全国各地で「主婦の友」をはじめとする女性雑誌が読まれ、「キング」発刊の辞にあるように、「老若男女」誰もが本や雑誌を読み、ラジオを聞ける時代になっている。旧来の「講壇的哲学者」の枠を超え、こうした「進取的なる民衆の切実なる要求」に応えてゆくことは、三木自身の覚悟でもあったろう。

実際、時代の変化が加速しつつある。至る所で、「特権階級の独占」に対抗する「民衆の切実なる要求」が、時代の社会的構図となっている。この年二七年は金融恐慌の年である。「金色の夜叉」に追いつめられながらも、民衆は、無産労働者階級すなわち「プロレタリアート」という新たな姿で、本格的な反抗をはじめている。かつて、封建社会における聖職者と貴族という二つの階級の支配を倒して、近代社会の支配階級となった第三階級である富裕な市民階級、「ブルジョアジー」は、更にまた今、第四階級、プロレタリアートに、歴史の主役の座を奪われようとしている。

こうした時代の流れの中で、社会的富裕層の出身者であるエリート知識人たちの歴史意識は屈折しつつある。三木が京都で会った有島武郎は、大杉栄とも親交を結んで無政府主義に心を寄せていたが、相続した農場を自ら小作人に解放して世間を驚かす。彼はいう。時代の流れが必然だからといって、第三階級に属する自分が「第四階級のために弁解し、立論し、運動する、そんな馬鹿げきった虚偽も出来ない」。「第四階級的な労働者たることなしに、第四階級に何者をか寄与すると思ったら、それは明らかに僭上沙汰《せんじょうざた》である」。彼は二三年に情死するが、同年、「白樺」も廃刊となっている。そして、岩波文庫が発刊されたちょうどその月、「唯《ただ》ぼんやりした不安」という言葉を残して、作家芥川龍之介が自殺する。

そして、引き替えるように、芥川らを「敗北の文学」として、プロレタリア革命を目指す社会主義者たちが、時代の舞台に大きく姿を現し、労働運動はもちろん文化や思想の分野でも、プロレタリア運動が盛んになってゆく。学徒時代から歴史と人間の問題を考えてきた三木にとってもまた、「労働者のハムマア」が未来を拓《ひら》こうとするその槌音《つちおと》は、身に迫るものであったに違いない。


プロレタリアートと革命　マルクスは、近代社会を支える資本主義という搾取構造とその革命的変革の歴史的必然性を明らかにした。

あらゆる社会は、制度や文化なども含めて、その時代の生産力に対応する生産関係を基盤として作られているが、生産力が発展すると古い生産関係との対応関係が破れ、階級闘争を通して、新たな社会へと変革される。資本主義社会は、そのような階級闘争の歴史の最終段階であって、そこでは労働力までもが商品となっており、被雇用労働者が資本から支払われる労働力商品の価値以上に作り出す剰余《じょうよ》価値が、資本の利潤を生み出している。だが、激化する階級闘争の末に、資本主義社会の革命的変革が起こる。

その革命を担うのは、資本主義社会における生産階級であり被搾取階級であるプロレタリアートである。プロレタリアートは、必要なら暴力的に、先ず国家権力を奪取し、「プロレタリア独裁」によって更に社会構造の全般的な変革を押し進める。その継続革命は、最終的に階級対立そのものを廃絶し、私的所有なく搾取も支配もない社会を実現して、階級闘争の歴史であった人類の前史を終わらせる。

このように、マルクスは、同志のエンゲルスと共に、資本主義社会のダイナミズムを解明し、プロレタリア階級の解放とひいては階級の廃止を目指す社会主義運動に、科学的な根拠を与えたのであった。

だが、その革命はいつどのように始まるのか。プロレタリアートはいつ、どのようにして、社会の全面的変革を目指す革命的な政治運動に立ち上がるのか。

この問題に対して、ひとつの明確なプログラムを実践的に示したのが、『国家と革命』などの著者であるロシアの革命家レーニンである。プロレタリアートは、自然発生的に革命の主体となるのではない。プロレタリア大衆を目覚めさせ、政治革命に立ち上がらせるのは、明確な目的意識と高度な政治技術をもった「前衛党」である。弾圧に抗しつつ革命を成功させるには、中央集権的に組織された少数精鋭の強力な党の指導が不可欠である。このような考え方が、レーニンらの率いる社会民主労働党「多数派（ボルシェヴィキ）」から、「ボルシェヴィズム」と呼ばれる。そして実際、ボルシェヴィキは、三木が京大に入学した一七年に革命を成功させて世界を驚かす。

それまでの日本の社会主義運動、先駆的労働運動には、無政府主義（アナーキズム）あるいは無政府組合主義（アナルコ・サンディカリスム）の影響が強かった。彼らが目指すのは、革命によって政府を廃止し、無産者階級の相互扶助的な自治社会を実現することである。かくてまた革命も、当の無産者大衆が奪われていた自主性を奪い返すことであり、上から彼らを指導する中央集権的な政党などは不要かつ有害である。こうして彼らは、自由な組合連合の生産現場での一斉ストライキによって、資本家階級の経済的、政治的な支配機構に直接的な打撃を与えることを主要な革命手段とする。

アナルコ・サンディカリスムのように、無産労働者自身の自主的な直接行動を目指すのか、それともボルシェヴィズムのように、無産労働者大衆を指導する中央集権的な強力な党の構築を先行させるのか。こうした革命路線を巡って、社会主義活動家の間で、アナーキズム派とボルシェヴィズム派の論争、いわゆるアナボル論争が起こる。

共産党とコミンテルン　だが、史上はじめて無産者が自らの政府を樹立したロシア革命の影響は大きい。ボルシェヴィキは「共産党」と名前を変えるが、日本でもボル派が、二二年に非合法の日本共産党を結成する。そして、翌年の関東大震災に際してアナ派の中心人物大杉栄が虐殺されたこともあって、社会主義運動の大勢はボルシェヴィズムへと大きく傾く。とはいえ、結成された共産党も、激しい弾圧にあい、党の指導者山川均《ひとし》は、普通選挙を前にして、まず運動を大衆の中に広げるために、合法的な単一無産政党の結成を目指して方向転換すべきだと主張し、二四年春には党中央委員会が解党を決議する。

このような状況の中に彗星《すいせい》のように現れた理論家が、福本和夫である。文部省留学生として三木と同じドイツに留学した福本は、そこで専らマルクス主義を学び、三木よりちょうど一年前の二四年に帰国して、マルクスやレーニンらの豊富な引用で権威付けられた論文を次々と発表する。そして一躍左翼論壇の注目を集めると、二六年には山川の方向転換論を批判し、たちまちマルクス主義陣営の理論的指導者となる。指導する党は、指導される無産者大衆から、まずはっきりと分離しなければならない。福本は、厳しい理論闘争によって何よりも先ず革命的少数者の党を構築し、大衆指導の主導権を確立することを主張する。

こうして、激しい弾圧をくぐって二六年の暮れに、「福本イズム」に基づく共産党が秘密裏に再建され、福本ら党幹部は、早速翌年春からロシアに行って、コミンテルンの承認をえようとする。

コミンテルンは、一九年に創設された、共産主義者の国際組織である。ロシア革命に成功したとはいえ厳しい干渉戦争のただ中にあったレーニンは、後進国ロシアに建国したソヴィエト社会主義共和国連邦（ソ連）は、先進資本主義諸国の革命なしには生きのびられないと考えていた。だが、ヨーロッパ各国に広がった革命的状況は相次いでむなしく消え、世界革命への期待は遠くなる。レーニンらは既成の社会主義政党が革命を裏切ったとして絶縁し、マルクス、エンゲルスのそれにつぐ第三の国際組織に当たる共産主義者国際同盟、コミンテルンを創設する。

だが、二四年のレーニンの死後、党内の主導権争いで同志を次々と切り、世界永久革命を目指すトロツキーをも追放して、党独裁権を握ったスターリンは、資本主義諸国の包囲を前に、一国的な社会主義建設へと完全に舵《かじ》を切る。それに伴いコミンテルンも、国際的な共産主義運動の連帯組織から、事実上ソ連共産党の国際部といった性格の組織に変貌して行く。

コミンテルンは、鉄の規律とか一枚岩とかいわれる、強い中央集権体制をもった国際革命組織である。各国の共産党はコミンテルンの支部として位置づけられ、ボルシェヴィズムの組織原則である指導する党と指導される大衆の関係が、国際的な次元で繰り返される。このような関係によって、各国の社会主義運動、労働運動にはしばしば混乱と対立がもたらされるが、ソ連は全世界の労働者の祖国であるという観念が、コミンテルンの指令を最優先とする立場を正統化し続ける。こうして、このとき福本ら再建された党中央もまた、コミンテルンへ出かけて承認を得ようとしたのである。

だが、スターリンの権力闘争の渦中にあったコミンテルンは、山川も福本も含めて独自の方針を認めず、「ソヴィエト連邦を擁護せよ」というスローガンを含む、二七テーゼといわれる日本共産党の新方針を提示し、福本は党から消えて行く。一方、山川らは、以後、コミンテルン、共産党とは異なる、マルクス主義運動の別の流れを作ってゆく。

マルクス主義論壇へ

さて、二七年四月、ちょうど福本らが密《ひそ》かにコミンテルンへと向かった頃に上京した三木は、菊富士ホテルに落ち着く。現文京区にあったこのホテルは、多くの作家や学者などが住んだことで知られているが、三木はたまたま福本が寸前までいた部屋の隣室に住むことになる。

そして三木は、このホテルを本拠地に、論壇に撃って出る。私的な問題を口実に自分を拒否した京大「講壇的哲学」への対抗心も働いたのだろうか、冬の日に彼の部屋を訪れた友人の一人は、京都時代はおしゃれだった三木が、綿入りの着物の裾《すそ》を炭火鉢の前に広げて、ひっきりなしに吸う煙草の焼けこげを作りながら、熱心に時代を切り思想を語っていた、その姿を伝えている。

だが、三木が友人たちを驚かせたのは、外見の変化だけではなかった。三木は、他ならぬマルクス主義論者として論壇に登場したのである。

すなわち、「空前の秀才」三木は、パスカル論出版後まだ一年にも満たない二七年六月の時点で、早くも、「私は私の唯物史観に関する解釈をどうにか作りあげることが出来た」と、友人羽仁五郎に書き送り、最初のマルクス主義論「人間学のマルクス的形態」を岩波の雑誌に発表する。そして、翌年五月、三木は、マルクス主義論集『唯物史観と現代の意識』を出す。

二八年二月、ようやく、普通選挙法による最初の選挙が行われ、無産者の代表がはじめて国会に議席を占める。共産党も労働者農民党に候補を送り込むが、それを見越して、普通選挙法と同時に治安維持法を制定していた権力は、弾圧の手ぐすねをひいている。そして、選挙後ただちに、共産党と労農党に対して大弾圧が加えられる。「三・一五事件」である。三木は、その直後にマルクス主義論集を出したことになる。

そしてさらに三木は、その秋、岩波茂雄との中国講演旅行の謝礼を出資して、羽仁との共同責任編集で雑誌「新興科学の旗の下に」を創刊する。誌名の「新興科学」とはマルクス主義のことである。激しい弾圧の時代に、三木は、マルクス主義の旗の下で、共産党員や無産者と腕を組み、批判の武器をふるってゆこうとする姿勢を、明確に打ち出したのである。

評者たちのことばを借りれば、「彼のパスカル研究において語られておるものは今日のことばで申しますと実存主義とか実存の哲学とか呼ばれるものに他なりません」。これが三木の二五、六年。そして早くもいま二七、八年、「アカデミー哲学の壁をマルクス主義に向ってつきぬいた」三木、「哲学におけるマルクス主義の位置」を「ブリリアントな仕方で解明した」三木、が出現したことになる。

激動の時代に鮮《あざ》やかに出現した三木のマルクス主義論は、たちまち青年たちを魅了する。三木によってマルクス主義に目を開かれた最初の人間だと自称する戸坂潤をはじめとして、「私たちの世代はあげて感激し」、一時は若い「人たちは皆三木哲学の徒であった」、と、当時法政大の学生だった哲学者の桝田《ますだ》啓三郎は書いている。

その一方で、三木の「あまりにもめざましい方向転換」にとまどいを感じるという評も出る。確かに、例えば処女作『善の研究』を出した西田が、三木の京大入学の年に第二著作『自覚に於ける直観と反省』を出すまでの「悪戦苦闘」に比べたとき、三木の第二作への転身は鮮やかさが目立ってはいる。だが三木自身は、今経験しているのは「自らの過去の精算」を伴う真剣な転換なのだと書く。共産党員が一斉検挙された三・一五事件の直後に、進んでマルクス主義の側に立って論壇に登場するには、少なくとも自己精算的な覚悟がいったのは確かであろう。だがまた、彼は婚約者宛の手紙に書いている。「パスカルを書いた私と今マルクスを論じている私との間には、最も緊密な連絡があり、それらの根底には共通の確信と思想とが動いている筈です」。

少し先回りすれば、その婚約者、経済学者東畑精一《とうはたせいいち》の妹恵美子と、三木は翌年の四月に結婚する。

ひとりはみんなのために

それにしても、三木は何故、マルクス論者へと急速に転身したのか。

けれども、三木がマルクス主義を論じマルクス主義の陣営に参加しはじめたことが、ある種の急転身と見えるのは、彼が若くして既に気鋭のパスカル論者として論壇に登場していたからである。もしそうでなかったとすれば、彼のマルクス主義への接近は確かに急激なものであったにせよ、一般的なケースの中に納まっていただろう。当時マルクス主義に急接近した知識人青年は少なくない。

その背景にはもちろん当時の社会的矛盾の激化がある。とはいえ、この時代、マルクス主義運動の中心を担ったのは知識人青年たちであり、中でも少数エリートである大学生たちであった。彼らを動かしたものは、自らの生活上の貧困や労苦ではないし、貧しい人々への同情や社会的義憤はもちろん大きかっただろうが、それだけでもない。

近代化が西洋化でしかなかった国に生まれ、近代的「自我」に目覚めた知識人青年たちは、出自の村をむしろ帰るべきでない前近代的な場所としてそこから身を離そうとしてきた。そして、必然的に陥る「独我論から脱出」し、教養をもった個性的人格としての「私」から、改めて普遍的人類につながる新たな共同性への道を模索している。そしていま、彼らはさらに、西洋近代の矛盾が労働問題、社会問題として露呈しつつある時代の滔々《とうとう》たる流れを前にしている。

　だが、例えば三木も関心を抱いた武者小路実篤の協同生活体「新しき村」建設の夢なども、既に有島によって失敗を予言されている。こうして、自らのあるべき世界を求めて悩む青年たちには、マルクス主義が、新たな共同世界への道を指し示すものと見えたであろう。プロレタリアートとその党は、歴史的勝利が科学的に証明されたロゴス的な共同体である。ひとことでいって、運動に身を投じることは、いわば「科学」を「生きる」ことであり、三木の好んだ言葉を用いれば、ロゴスとパトスを統一することである、というように。

　ちょうどその頃ソ連で作られたエイゼンシュテイン監督の映画史上に残る名作「戦艦ポチョムキン」の最後のクライマックスで、革命的水兵のものとなった戦艦のマストに高々と革命への合流を呼びかける旗が翻るシーンにあわせて、字幕でスローガンが映し出される。「ひとりはみんなのために、みんなはひとりのために」。二〇世紀の見果てぬ夢の表現といってよいこのいささか甘い言葉に、芥川龍之介が「明日の道徳」と呼んだもの、すなわち現実の世界を解体しようと志す青年たちを誘う、新たな共同社会の夢が託されている。たとえ現実の運動の場面では、往々にしてそれは、忠誠心とか自己犠牲とかいった古い徳目に読み替えることを強いられたりするにしても。

　だが、実際にマルクス主義に立つ共産党の指し示す道に踏み入るのは、簡単なことではない。非合法で厳しい弾圧下にあるという問題だけではない。いまや知識人青年たちの人生問題、哲学問題は、社会問題と交錯せずにはありえない時代となっている。だが、有島は、無産労働者の階級課題は、「ハムマア」を手にしたことのない知識人青年にとって、自分たちの課題とはなりえないといった。裏返していえば、エリート知識人青年が党の活動家への道を進むには、培ってきた教養や人生観を、小市民階級的なものとして捨て去ることを自らに課さねばならない。

実際、それまでのマルクス主義は、経済学に傾斜して理解されていた。唯物論を標榜《ひょうぼう》し、暴力を辞さない社会革命を主張するマルクス主義が目的とするのは、人格や理想を目指してきた哲学的教養とは異質な、無産階級の物質的利益の実現なのではないか。自意識をもった知識人青年の「ひとり」である私は、無産者「みんな」と肩を組む道に入って行けるのだろうか。

「その時」、と後輩の哲学者久野《くの》収《おさむ》は書いている。「三木さんが〝ひとつのブリリアントな仕方〟で、哲学に於けるマルクス主義の位置を〝現代の意識〟として解明し、哲学から社会主義への移行の可能性を指ししめすとともに、社会主義が現代哲学の生産性と健康性を回復する重要な源泉である事情を説明した。その記録が『唯物史観と現代の意識』であった。哲学と社会主義とをどう結合するかに、幼稚ながらも真剣に悩《なや》んでいたわれわれ後輩の若い学生たちを、この書がいかにゆり動かしたかは、恐らく他の時代からは想像のつかないほどであった」。羽仁もいう。「マルクス主義、あるいは共産主義が、単に一般の政治上の主張ではなくして、人生観の問題であって、また哲学上の問題でもあるということが、三木さんの『唯物史観と現代の意識』によって、始めて我々の間に明かにされた」。マルクス主義は、従来の哲学や思想の課題をも引き受け、それを乗り越える力をもった、新しい思想であり哲学であるということを、三木は示したのである。

『唯物史観と現代の意識』

イデオロギーの系譜学

その著『唯物史観と現代の意識』で三木は、「マルクス主義は、もはや誰にも見逃すことの出来ぬ現実の勢力である」、と宣言する。そして、「唯物史観は一個の独立した、特色ある人間学の上に立つ世界観である」、というところから、マルクス主義こそが「現代の意識」の理論化であることを証明しようとする。

先に触れたように、マルクスは、歴史を動かすものは社会の全構造の基底をなす物質的な生産をめぐるダイナミズムであり、その現れである階級闘争であるとみたが、「唯物史観」とは、そのようなマルクスの歴史観のことである。マルクス主義は、相互に関連をもった広範《こうはん》な思想であるが、若い頃から歴史に関心を集めて来た三木は、マルクス主義を専ら唯物史観の面から捉える。

さて、既にパスカル論でも、概念と基礎経験の系譜関係が問題にされたが、三木はここでも、「理論の系譜学」を目論《もくろ》む。「この系譜学の根本命題は、歴史に於いて存在は存在を抽象することによって理論を抽象する、ということである」。例えば多様な交換を通して価値法則が貫徹してゆき、そこから価値理論が生まれる、というように。「私はこのことをマルクスから学んだ。それは実にマルクスが「歴史的抽象」と呼んだところの過程である」。こうして三木は、「如何《いか》にして一定のイデオロギーは出生し、成長し、崩壊し、そして新しいものによって代わられるか、の系統を理解すること」を、課題として立てる。

ここでいう「イデオロギー」とは、それを主張する人々との関係で見られた思想や理論のことである。マルクス、エンゲルスによれば、あらゆる思想や理論は自らを普遍的な真理だと主張するが、しかし思想や理論もまた歴史的社会的な産物であり、その普遍性は、特定の階級利害に基づく、虚偽の普遍性に過ぎない。そこでマルクス及びエンゲルスは、その面からみた思想や理論を表すために、「イデオロギー」という言葉を用い、『ドイツ・イデオロギー』という本で、当代ドイツの諸思想の階級性を批判した。ちなみに三木は、この書を三〇年に翻訳出版しており、彼がここでイデオロギーという言葉を使うのも、当然それが前提となっている。

そこで三木は、この著の第一論文「人間学のマルクス的形態」で、基礎経験、アントロポロギー、イデオロギー、という三段階の概念装置を用意して、マルクス主義ないし唯物史観の系譜を、つまりそれがどこから、どのようにして生まれたかを再構成しようとする。

基礎経験

三木の出発点は、ここでも私たちの日々の経験である。三木は、他ならぬ言葉にとりわけ注目する。「人間の生活に於ける日常の経験はつねに言葉によって導かれている」。私たちは日頃、他の人々や事物と絶えず関わりながら生きているが、そこで出会う全ての事物は、名前がついた見知りの事物であり、私たちは「既存のロゴス」を通してそれらを確認し、それらと関わっている。

だが三木は、そのような日常経験から、「基礎経験」と呼ばれるものを区別する。基礎経験という語は、西田の純粋経験をも想起させるが、それより、既に三木自身がパスカル論で用いていた。ともあれ、ここで三木がいうのは、個別経験のように「ロゴスに指導されることなく、却ってみずからロゴスを指導し、要求し、生産する経験である」。

といっても、何か特別な経験があるわけではない。私たちの日常的な経験世界は、いわば一定の色彩を帯びている。例えば、画家の眼に創作意欲を抱かせる田園風景は、そこに暮らす農民にとっては、村の仲間と共に鍬《くわ》を振るい子を育てて暮らす生活世界である。三木が注目するのは、そのような生活全体を通じて人々が世界に関わる関わり方、あるいは関わる世界である。

基礎経験、「それはひとつの全く単純なる、原始的なる事実に対する概念である。私は在る、私は他の人々と共に在り、他の事物の中に在る」。それは、受動的な経験ではなく能動的な体験であり、個別経験ではなく全体的な経験であり、言葉に表される世界の背後にあって言葉にならないという意味では「ひとつの闇」ともいえる。

しかし、すぐに三木が強調することだが、「経験」という語に引きずられて、基礎経験を、意識的な何かと想定してはならない。むしろそれは、体験世界とでもいった方が分かりやすい。「ひとは基礎経験の名に於いてなによりも存在的なるものを理解すべきであって、決して意識的なるもの、従ってまた観念的なるものを理解すべきではないのである」。「私の意味する基礎経験とは現実の存在の構造の全体である。現実の存在はつねに歴史的必然的に限定された一定の構造的聯関《れんかん》に於いて組織されている」。

アントロポロギー

さて、基礎経験はロゴス、言葉に「指導されること」のないものではあるが、しかしこの基底的な体験世界もまた、日常的な事柄が実用的に言葉で表されるのとは違った回路で、ロゴス化されてゆく。そのような意味の第一次のロゴスを、三木は「アントロポロギー」と呼ぶ。もともと「人間―ロゴス」という原義の「アントロポロギー」という語は、人類学から哲学的人間学まで幅ひろく使われるが、パスカル論の三木も、それを人間存在に関する「学問」と呼んでいた。だが、ここでの「ロゴス」は、「学」以前の、抽象化も理論化もされない、直接的なロゴスである。例えば、私たちは誰しも、素朴な人生観や世界観とでもいったものを、同じ時代を同じように生きる多くの人々と共有している。それは、私たちの体験する世界全体を日常的な言葉で表すものであると同時に、そのような世界に生きていることの最初の自覚でもある。三木がアントロポロギーを、人間の自己解釈と呼ぶのはその意味においてである。

さて、このようにしてアントロポロギーが生み出されると、それは、人々の実践や認識の仕方を規定するようになる。だが、個人も社会も絶えず動いて行く歴史の中にある。アントロポロギーの支配力は、一定の段階を過ぎると限界に達して、却って経験の発展を妨げるものになる。こうして、旧《ふる》いアントロポロギーと新しい基礎経験との矛盾から、アントロポロギーの変革が起こる。ロゴスの第一次変革過程である。

イデオロギー

こうした第一次のロゴスの上に、三木は、第二次のロゴスとして、「イデオロギー」を考える。

三木のいう第一次のロゴスであるアントロポロギーとは、一般の人々がもっている理論以前の人間観、世界観といったものであった。それに対して、第二次のロゴスであるイデオロギーは、理論的に体系化された世界観である。アントロポロギーは基礎経験の直接的な表現であるが、イデオロギーは、その理論化に際して時代の学問的意識、哲学意識によって媒介され、そのことで、広く人々の間で議論されたり伝えられたりする。つまり、三木のいい方を借りれば、学問的な「公共圏」に持ち出され、そこで人々の共有物となる。

さて、イデオロギーの成立に際して、アントロポロギーはそれを規定する力として働くのであるが、一度イデオロギーが成立すると、アントロポロギーはイデオロギーの中に埋没する。生活経験に密着した人生観や世界観は、例えば宗教的教義や何々主義といった体系的な世界観ができると、そこに吸収され、逆に人はそこから人生や世界の見方を受け取るようになる。

しかし、先に基礎経験と第一次のロゴスの間に見られた歴史のダイナミズムは、ここでもまた、より高い次元で繰り返される。経験の発展が一定の段階に達すると、古いアントロポロギーに対応していたイデオロギーは、逆にそれを拘束し妨害するようになる。こうして、古いイデオロギーは権威を失墜し、経験の発展に対応したアントロポロギーの変革が、イデオロギーの変革を引き起こす。ロゴスの第二次変革過程である。

マルクスは歴史を、物質的な生産システムという基底的な動的構造と、それに対応しながら変革されて行く様々な社会制度や文化の、ダイナミックな関係の中で捉えたが、三木もまた、同じような歴史のダイナミズムを見ている。

プロレタリアートのイデオロギー

そこで三木はいう。以上によって、「唯物史観の解釈に関して必要な手掛かりを捉え得たかのように思う」。そして答える。「唯物史観の構造を規定する人間学」は、「プロレタリア的基礎経験の上に立っている」。「唯物史観はアントロポロギーのマルクス的形態を先ず認識することなしには到底完全に理解され得ないのである」。

ただ、肝心の基礎経験、またアントロポロギーといった概念は、三木自身もいうように、いささか明確性を欠いている。そこで三木はやがてすぐ、「存在のモデル」、「存在の組織」という用語を用い、更に、「存在論的決定」とか「存在のタイプ」とかいった言葉を使うようになる。言及する度にニュアンスは変わるが、論点の微妙な変化をならしてまとめれば、基礎経験における「存在論的決定」によって「存在のタイプ」が決まりそれが「存在のモデル」としてロゴス化される、といったことになる。

ところで、三木は、マルクス主義、唯物史観を、以上のようにして、ひとつのイデオロギーだというのだが、先にみたように、イデオロギーという言葉の背後には、全ての思想が主張する普遍性は特定の階級利害に基づく偏った普遍性に過ぎない、という捉え方があった。では、マルクス主義もまた、同様なイデオロギーだといってよいのだろうか。三一年の『社会科学概論』で三木もいうように、「この問は一面肯定的に、そして他面否定的に答えられる」。

プロレタリアートは、これまでの階級とは全く異なる歴史的使命をもった、いわば最後の階級である。つまり、彼らの階級利益は一切の階級支配をなくすことであり、彼らが勝利を収めるとき階級闘争の歴史は終わる。だから彼らの階級利益は、階級を超えた普遍的利益であり、そこで、プロレタリアートの意志を体現して一切の階級支配を終わらせようとするマルクス主義は、プロレタリアートの「イデオロギー」でありつつ、はじめて偏った階級利益を離れた、つまりは虚偽性のない「科学」だということになる。

激しい弾圧に抗しつつ、コミンテルン公認のマルクス主義理論家たちは、自らの正しさに強い信念をもっている。彼らは、一方でマルクス主義の科学としての客観的真理性を強調しつつ、他方、それはプロレタリアートのイデオロギーであればこそ、「プロレタリアートの党」の立場だけがその科学的真理を歪《ゆが》み無く手にすることができるのだと、自らの正統性を根拠づける。

三木は、理論を社会的現実からの抽象として捉えようという系譜学に立って、マルクス主義が、プロレタリアートの基礎経験から生み出されるイデオロギーであることを強調し、そこにマルクス主義の現代的意義をみようとする。単純な図式でみれば、そのような見方は、もう半面の科学としての客観性を軽視している、という非難を引き寄せるだろう。かといって、もちろん三木は、唯物史観がひとつのイデオロギーであることにこだわることで、コミンテルンの「党派的」正統性を後押ししようとしたのではない。

では、三木は、何にこだわろうとしていたのだろうか。時代の流れを少し戻して、改めて、三木のいう理論の系譜学を、三木にも適用してみよう。

階級意識

「俺にも福本位なことはできる」。戸坂潤は三木がそういったというのだが、本当だろうか。福本と三木は、相前後して留学先のドイツから帰国してマルクス主義の論陣に参加したが、マルクスやレーニンの引用を散りばめ、明確な戦略を提示する政治論文を書いてたちまち共産党の中央委員になった福本に比べれば、三木は党外の人であり書斎の人である。三木の影響でマルクス主義に目を開かれた青年たちが多いといっても、福本が短期間であれ党に対して、運動に対してもった理論的影響力とは、同列に比較はできない。

けれども、同じホテルに住んだことがある二人の距離は、見かけほど遠くはない。例えば彼らが共にしている時代は、ハンガリーの思想家ルカーチやまたドイツのコルシェらと共にする時代でもある。

前述のように、三木や福本らが留学したのは、第一次大戦後のドイツであった。戦争末期の混乱の中で、帝政ドイツは倒れるが、しかしプロレタリア革命は失敗する。ハンガリーでも革命政府が樹立されるが、ルカーチも参画した革命政権は、短期間しか自らを維持できずに亡命を余儀なくされる。だが、何故、革命は敗北したのか。

理由としてあげられる政治的な諸問題はもちろん多くある。だが、ドイツでもハンガリーでも、プロレタリアート、無産者階級は社会的な大勢力である。革命が無産者の階級利益の実現であるのなら、ドイツの無産者の党は何故革命派を見殺しにしたのか。ハンガリーの無産者大衆は何故革命政権を支持し続けなかったのか。現実の無産者大衆の意識とプロレタリアートとしての自覚的な階級意識の間に乖離《かいり》があった。

革命が成功するのは、すなわち革命の可能性が現実性へと飛躍するのは、無産者大衆が、自らを革命主体たるべき階級として意識することによってである。敗北の歴史を生きたルカーチが問い続けたのは、現実の歴史過程の中で、無産者大衆はいつ、どのようにして、歴史と社会の「全体」を見通す階級意識をもった、主体的で革命的な「階級」に自らを形成するのか。そしてそこに、「党」はどのように関わるのか、ということであった。こうして彼は、二三年に『歴史と階級意識』を書く。

窮迫と革命

ドイツのマルクス主義者カウツキーのように情勢の歴史的成熟に期待して革命を座して待つのでもなく、かといって同じくベルンシュタインのようにマルクスの予見が短期的に的中しなかったといってその修正に走るのでもなく、革命を優れて主体的な問題と捉えることが、切迫した問題となっている。だが、主体的とはどういうことか。仮に「主体」ということばを、一定の目的を目指してあることをしようとする者、という端的な意味で用いることにしよう。このような目的意識と自発性に関して、プロレタリアートは革命の主体として、歴史に参画できるのか。

無産者階級は、この社会の矛盾を一手に負わされて窮迫のうちに苦吟《くぎん》している階級であり、だからこそ、必然的に革命の主体となるべき階級であるというのが、マルクスの理論である。三木はいう。「プロレタリアートの窮迫（Not）はまさにこの必然性（Notwendigkeit）の実践的な表現である、とマルクスは考える」。すなわち、「無産者は現在の社会に於いてその存在が否定されているが故に、まさしくその否定性の故に、存在を運動性に於いて、歴史性に於いて把握することが出來、また把握せざるを得ない」。「プロレタリアートの生活條件のうちに、今の社会の凡ての生活條件はそれの最も非人間的頂点に於いて総括されているが故に」、「それ故にプロレタリアートは自己を解放し得るし、また解放せざるを得ぬ」。

だが、「存在が否定されているが故に」、「最も非人間的な頂点に於いて総括されているが故に」、その故にプロレタリアートは革命によって自らを解放する、といったいい方は、いわばなお弁証法的な論理である。あるいは論理に過ぎない。被抑圧そして窮迫が反抗を生む、ということはもちろん分かる。しかし、なお現実には、無産者大衆は、大戦時に革命をではなく自国の戦勝を選び、大戦後も革命政府を支えずに反革命を許す。いつどのようにして、「忍び難い」、「耐え難い」窮迫の意識が、革命を目的とする行動意識に転化するのか。

あるいは、「支配階級の思想が各の時代に於いて支配的なる思想である」というのは、マルクス主義にとっての基本であって、現在の社会体制を「永遠化する」支配階級の思想は、無産者の意識にまで及んでいる。では、いつどのようにして、「彼等は所謂《いわゆる》永遠なる理論が資本主義社会の歴史的条件の上に立っていることを理解」し、資本主義社会の革命的変革という目的意識に目覚めるのか。

ボルシェヴィズムと主体

前述のように、レーニンは、無産者大衆はその革命的であるべき階級意識を自然発生的には獲得できないと考えた。もちろんプロレタリア階級の成長なくしては革命はありえない。だが、彼らの自然発生的な反抗は、経済闘争の枠を出ないか、敗北にしか終わらない一揆的な暴発に留まる。ボルシェヴィキは「何をなすべきか」。プロレタリアートの頭脳である前衛党は、無産者大衆に対して、政治革命という明確な目的と戦略を示さなければならない。ボルシェヴィキ党が、外から持ち込む目的意識によってはじめて、無産者大衆は自らの歴史的使命を自覚した階級となり、党の指導に従って革命を遂行するだろう。

芥川は、レーニンについて歌った。彼は誰よりも民衆を愛したが誰よりも民衆を軽蔑していた。また誰よりも理想に燃えていたが誰よりも現実を知っていた、と。ロシア革命の勝利は、党主体の革命の勝利であった。絶えず流動し錯綜《さくそう》する諸条件の中で、「昨日では早すぎた、明日では遅過ぎる」というぎりぎりの決断を必要とするような切迫した状況下においては、革命を担う集団は、あたかもひとつの有機体であるかの如くに行動しなければならず、そのためには唯一つの頭脳的部分が全ての指令を出さねばならない。革命はただその場合にのみ成功し、そうでなければ失敗するだろう。

ドイツの革命家、ローザ＝ルクセンブルクは、無産労働者大衆は党中央に盲従するだけというボルシェヴィズム党方式を強く批判し、プロレタリア大衆の自律的大衆行動を信用しようとした。自然発生的に昂揚《こうよう》するエネルギーを信頼しつつ無産労働者階級大衆と共に進もうとするか、自然成長性の限界を冷静に見極めて目的意識の外部注入に徹するか。だがローザは虐殺され、レーニンは成功する。ヨーロッパの失敗と鮮やかなロシアの成功は、前衛党の指導を最優先するボルシェヴィズムの正しさを証明したように思われた。

レーニン

レーニンにあっては、それは、プロレタリアートがなお少数派でしかない当時のロシアの状況下では唯一歴史的に有効な革命戦略であったのかもしれない。だが、その後の反革命包囲網の下で、スターリンの手でソ連共産党とコミンテルンの政治的権威が絶対化されてゆく。こうして、党主体の革命方式が共産主義運動のモデルとなり、プロレタリアートの主体性は、「プロレタリアートの党」という観念によって奪い取られてゆく。

そのようにして確立したコミンテルンの指導原理の下では、大衆を党の指導に組み込んでゆくという課題こそが重要であって、無産者大衆自らが主体的に階級意識を獲得し自らを階級に形成して行くというダイナミズムは、少なくとも主要課題とならない。というよりむしろ、それを主要課題とすることは誤りと見なされる。コミンテルンはルカーチを、コルシュと共に批判する。その批判の中心には、ルカーチが階級意識を強調して弁証法の客観的法則性の強調を非難するという誤りを犯したという指摘が置かれており、彼自身もまた、主体的契機の過大視という誤りを犯したと自己批判する。

意識と言葉

レーニン段階 二〇年代後半のこの時期は、スターリンの独裁体制が確立されつつあった時期であった。やがて完成するスターリンの一元的支配は、数え切れない粛清《しゅくせい》の嵐と全国の収容所列島化という、余りにも大きな代償の支払いを、歴史から突きつけられることとなるだろう。

もちろんそのような極度の中央集権性は、ソ連国内だけの問題ではない。コミンテルン体制は、頂点の歯車が動くと、世界の支部共産党が一斉に動くべき仕組みになっている。こうして、コミンテルンが批判するとたちまち福本は棄てられ、押しつけられた二七テーゼが党の戦略となったのであった。ちなみに、この時コミンテルンの代表として福本らを批判したブハーリンも、やがて粛清への運命の道を歩み出す瀬戸際にいるのであるが。

前述のように厳しい不況を背景に、無産労働者階級、プロレタリアートの足音が高まりつつある中、天皇制廃止を掲げる共産党の勢力拡大を怖れた政府は、二八年三月に、大弾圧を行う。さらに、治安維持法がより厳しいものに改められ、いくつもの弾圧事件が続いてゆく。

激しい弾圧下、非合法の共産党員はごく少ない。コミンテルンから指令されるテーゼは、暗い時代を背景にした社会改革への大衆的待望を惹《ひ》き付けられず、有効な政治的活動は難しい。それでも、知識人青年や先鋭的労働者の間では、いわゆる「シンパ」と呼ばれる支持者や共感者が拡がりを見せており、プロレタリア文化運動においては、「ナップ」と略称される全日本無産者芸術連盟などを通して党の影響力が強められ、小林多喜二や中野重治らの活動も活発になってゆく。

二四年に、スターリンは『レーニン主義の基礎』を書いている。階級意識の自然成長性を重視する傾向が、目的意識を与える党の役割を軽視し大衆に屈服する「日和見《ひよりみ》主義」だとして強く批判され、レーニンの政治論文「何をなすべきか」に拠って、あらゆる分野で党の指導性を確立強化し、無産者大衆に革命への目的意識を与えることが、コミンテルン党の課題とされている。こうしてプロレタリア文学に於いても「レーニン的段階」がいわれ、大衆の「窮迫」を描くだけでなく、党の指導性と目的意識を踏まえた作品を求める声が強くなりつつある。

もちろん前述のように三木もまた、この時期、大弾圧下にある非合法な党と共に、腕を組んでゆこうとしている。党員ではないが、党を不要としないし、目的意識の重要性も否定しない。

だが、三木は、別の眼ももっている。

三木が唯物史観を「プロレタリア的基礎経験」のロゴス化の先に見通したのは、前世紀に、マルクスらが当時のプロレタリアートの基礎経験に基づくアントロポロギーから唯物史観を作り上げたのだというような、過去の説明ではない。公共圏にイデオロギーを登場させるのは理論家であり思想家であるとしても、イデオロギーの変革を引き起こすアントロポロギーの変革は、そのつど、無産者大衆の基礎経験において起こる。

唯物史観は、「如何なる基礎経験にもとづき、如何なる人間学によって組織されたイデオロギーであろうか」。その問いは、唯物史観を「固定したドグマとして単純に信奉するのでなく」、「それをひとつの生ける生命として根本的に把握するためには避くべからざることであると私は信ずる」。

三木は、無産者階級のロゴス以前の基礎経験から何かが立ち上がり、アントロポロギーを通って、革命を目指すロゴスとしての唯物史観によって救われる、いわば自然成長のドラマを見ようとしている。

意識の問題

さて、こうして、何より「意識」が問題となっている。プロレタリアートの主体的な階級形成とは、無産者階級が、日常的な生活意識から階級意識を獲得して行くという、意識のドラマとして現れるだろうからである。だが、階級意識といい目的意識という、その「意識」とは何か。

ここでも三木は、「意識は存在の反映である」などという公式では片づけないで、また日常世界に立ち返り、改めて、意識のあり方を最初から見直す。

三木によれば、いま近代哲学の中心である認識論は、「意識」の問題をめぐって、身動きならない状態でもがいている。

近代自然科学は、偏見から解放された純粋な認識主観の確立によって可能となり、近代市民社会は、自律的な「私」主体の確立によって成立した。自意識をもった「私」は、「かつては人間の生を解放する役目をもっていた」のである。ところが、近代的な認識の基礎付けという、近代哲学に課せられた第一課題に立ち向かい、疑う余地のない確実な知を「私が思う」という事実に見出したデカルト以来、困った問題が生じている。

常識も自然科学も、机が「そこにある」から「私に見える」のだという。だが、科学を基礎付けようとした筈《はず》の認識論は、確実性を求めるが故に、逆に、「私に見える」からそこに「机がある」のだとしかいえないでいる。その延長上で、現象学や生の哲学といった「現代哲学」も、「私」の「意識」経験から問い進めるという問題枠を超えない、あるいはむしろ超えようとしない。初原的な意識経験の事実に立ち帰ることによって、独我論から脱け出そうとした西田幾多郎の悪戦苦闘もまた、この流れにある。だがなお私の「意識」は難問であることをやめず、その「妖怪《ようかい》的対象性によって我々を身動きもならず支配する。意識は今や矛盾の存在である」。

もしもマルクス主義が、「現代の思想」たるにふさわしいものであるならば、「マルクス主義的唯物論はこの矛盾の解決でなければならぬ」。ただしそれは、唯物論の立場を採って、「意識は物質の反映だ」と、ただ宣言すればよいというようなことではない。そのように、単純に「精神と物質とを絶対的に対立せしめ、その一を排してその他を樹《た》てる思想は、いずれも抽象的思惟の産物に過ぎぬ」。

対して三木は宣言する。「從來の唯物論が処理するに最も苦しんだところの、したがってそれらの凡《すべ》てに対してあらゆる機会に於いて試金石であったところの「意識の問題」は、この現象を根本的に把握することによってのみ無理なしに、具体的に解決され得る、と私は信ずる」。

それは、どのようにしてか。

意識の埋没

意識の問題を取り上げるに当たって、三木が着目するのは、他ならぬ言葉という問題領域である。『唯物史観と現代の意識』所収論文で三木が言葉の問題を重視していることは既に見た。「人間の生活に於ける日常の経験はつねに言葉によって導かれている」。三木は、言葉にとりわけ注目することで、マルクス主義こそが、従来の哲学の難問をも解決する、「現代の思想」だと主張する。

さて、三木は、意識と存在を巡《めぐ》る堂々巡りの難問から脱却するには、問いそのものに対して、「歴史破壊的方法」による根底的な見直しの鉈《なた》を振るう必要があるという。といっても、難しいことではない。歴史を遡《さかのぼ》ることで、現代の難問が陥っている枠組みを壊そうというのである。

現在の私たちにとっては意識といえば個的な「私」の主観的意識のことであるが、そもそも古代ギリシア世界では、人間は言葉をもった社会的存在と捉えられており、言葉、ロゴスに表されないような個人の内的意識などは問題にならなかった。

ところが、「個人の内面的生活に唯一の、最高の価値をおくキリスト教」が拡がると、個人の意識が問題となり、やがて宗教的内面性とのつながりが薄れて、意識は「認識の基礎付けをすべき任務を負わされ」るようになる。こうしてはじめて、右にみた意識の難問も生まれたのだと三木は考える。

そこで三木は、近代認識論の枠組みを離れて、ここでも、実際の日常経験を素直に見直してみようという。そもそも私たちが日常的に言葉を使う場面では、「私の意識」などとりたてて問題になることはない。例えば、私が家具屋へ行って「机を見せて下さい」といったとする。そのとき、私と店員の会話で相互了解されるのは、もちろん長方形の形をした机であって、たとえ瞬間的にどのような遠近法的な写像が「私の意識」に写ろうと、あるいは私の記憶からどういうイメージが意識に引き出されようと、言葉の媒介を通して、机という存在は公共的に通用している。そのことを三木は、日常の社会生活では個人的な「意識の埋没」が起こる、といい表す。

「言葉はその具体性に於いて社会的である」。「語られた物は、語る私のものでもなく、聴く彼のものでもなく、誰という特定の人のものでなく、我々の共同のものになる」。「言葉の媒介を通じて初めて存在は十分なる意味で公共的となる。そして世界を相互いに公共的に所有することによってまた初めて社会は成立する。言葉が社会的であるというのは、言葉によって社会が存在するということである」。

こうして、「社会的に生きる限り、個人の意識は公共的なる存在である言葉の中に埋没する。個人は自己の意識を言葉をもって表現することによって、それの主観性を言葉の中に没入せしめて、それを公共的ならしめることなしには、社会的に交渉し得ない。言葉こそ、社会に於いて唯一の現実的なる意識である」。マルクスも、「「言葉は実践的なる、他の人間に対しても存在する、従ってまた私自身にとっても存在する、現実的なる意識である」、といっている」。

凡庸化と疎外

だが、存在が言葉によって社会的な存在となるとき、それはひとつの著しい性格を担うと三木はいう。彼が「存在の凡庸性もしくは中和性」と名づけるものがそれである。

例えば、私が家具屋で見せてもらおうとしているのは、抽象的な机ではないが特定の机でもなく、その意味で凡庸な、「どれでも、どれか」の机を私は買おうとしている。また、私が今日机を買おうとしている個人的な事情や思いは、買い物の場面では中和されている。机のような「もの」だけではない。私は、「だれでも、だれか」の店員に相談しようと声をかけ、逆に店員にとっても、私は単なる客のひとりに過ぎない。社会的な場面では、人もまた、互いに凡庸な「ひと」として話しあう。

このような、非特定主語として使われる「ひと」への着想はハイデッガーからの借用だろうが、ハイデッガーのいう「ひと（das Man）」は、本来の自覚的なあり方を忘れ日常世界に心を奪われたままになっている人間のあり方を表している。三木もまたそのような意味でもこの言葉を用いるが、ここで問題になっているのは、「ひと」が、「私」を超えた社会的交渉の担い手であるということである。日常的な生活場面で、私たちは意識を言葉に没入させて、社会的な「交渉的存在」として生活している。三木によれば、言葉は実践的なものであり、そしてその実践が本質的に社会的であるところに、存在の凡庸性あるいは中和性の根源がある。

思えば西田は、「独我論」を超えようと、意識をめぐる難解極まりない議論を重ねなければならなかった。三木はここで、「独我論からの脱出」という問題を、社会的存在としての言葉に注目することで、軽々と通り抜けている。

ところで、そのように経験を公共化し、人間の社会性を支える「存在の凡庸性」もまた、その現代形態が問われねばならない。

商品の魔術性

マルクスの『資本論』が明らかにしたように、「社会とは近代に於いては現実には商品生産社会である」。資本主義社会においては、あらゆるものが商品という画一的な範疇《はんちゅう》に包摂されている。「けだし近代に於ける存在の凡庸化の原理は商品である」。「商品の構造はこの社会に於けるあらゆる存在の対象性の原型である」。「そこでは人間の労働、その最も内面的なるものも、一個の商品に過ぎない」。人は、「だれでも、だれか」という単なる「労働力商品」となっている。

かつては、商品経済が「人間の社会性を発展させることに役立ち得た」。だが、今や「商品が次第に支配的範疇となり、遂には普遍的範疇となるに及んで、存在の凡庸性は人間の社会性の発展を拘束し、妨害することにまで到達した」、と三木はいう。どのようにしてか。言葉が少し分かり難いかもしれないが、少し長く三木の言葉を引用しよう。

「資本主義の世界に於いては人間の間に於ける労働結合は眼に見えぬものである。それは何に因ってであるか。事物がすべて商品の形態をとり、市場に於《お》いて運動し、そして人間が合理的に市場を支配するのでなく、却って市場がその価格をもって人間を支配しているからである。人間の間の関係は斯《か》くの如くにして商品の間に於ける関係として現われる。これがまさにマルクスが「商品の魔術性」と呼んでその秘密を暴露したところのものの意義である」。

「商品の構造の本質は人間の間の関係が物質性の性格を得、かようにしてこのものにそれ自身の厳密な法則性に於いて人間の間の関係が一切の痕跡を隠蔽《いんぺい》するところの、かの妖怪的対象性を賦与《ふよ》するところに存在する。本來各の労働は社会的全体的労働の一部分であり、そしてそれらの凡ての部分は互に依存する。ところがそのことは、我々社会に於いては、事実上は相互のために働くところの人間の間の社会的聯関は、我々の眼に隠されてしまうような形式に於いて、行われているのである」。「商品の世界のこの魔術的性質は、商品を生産する労働の特有なる社会的性質から生ずるのである。この根本的事実によって、その背後に真実には人間の相互的労働が隠れている事物の運動は自己の法則に従って固有の運動をし、そして逆に人間を支配するに到る」。

マルクス

自己疎外と社会関係

こうして、「簡単に言えば、人間は人間みずからの作ったものによって支配される。ここに於いて「人間の自己疎外」は成就される。資本主義杜會の特質は存在の凡庸化が斯《か》くの如き自己疎外に於いて普遍的に完成するところにある」。

「疎外」とは、ヘーゲル弁証法の重要概念である。例えば、画家は自分の美的欲求をキャンヴァスに外化表現しないではいられないが、いったん描かれた画は、自分に疎遠でむしろ対立的な他者となって画家を苦しめたりする。そのような事態を彼は疎外と呼んだ。ヘーゲルを批判的に深く学んだ若きマルクスは、資本主義のもとでは、労働者が労働力商品として買われ、雇用労働者として生産過程に投入されることで、人間の本質的な社会的営みである労働が、その生産物が、また生産過程が、労働者に疎遠なものとして対立するという「疎外」を指摘した。

紙幅の関係上後の時代への言及は極力さけるが、第二次世界大戦後、改めて『経済学・哲学草稿』など初期のマルクス文献を手がかりに、労働の疎外を中心として、資本主義社会に必然的な人間疎外への批判がマルクスの思想的原点であるといった「疎外論」の議論が盛んとなる。が、やがて、そのような人間の類的本質なるものを前提とする立場から脱して、一切の社会関係が物的な関係へと「物象化」されるという視点への移行にマルクスの思想的確立を見るべきだという見方が登場する。三木も、「人々の眼に物と物との關係の幻想的形態を採って映ずるものは、唯人間自身の一定の社会的関係に外ならない」、ということを繰り返し指摘する。マルクスの初期文献が未公刊だったことにもよる三木の議論の狭さが生んだ結果に過ぎないのかもしれないが、おそらくそれだけではない。これまで見てきたように、三木自身が、ハイデッガーやパスカルを通ることで、人間を個性という「内なる価値」に軸を置いて捉える新カント派時代の人間観から、日常的に世界に関わる「交渉的存在」としての人間のあり方を問う姿勢へと、歩を進めて来ていたからであったといえよう。結果的にだが、彼は、戦後の「人間疎外論」より一歩進んでいたともいえよう。

存在性の相違

だが問題は、プロレタリアートにとってそのような状況から抜け出す道はどこにあるのか、ということである。

過渡期の時代

現に、激しい不況が人々の生活を脅かしている。三木は、マルクス主義論と同じ年に、現代を「過渡期の時代」だと書いている。過渡期とは、即ち変革期である。過渡期にあるのは、人間の全体的な運命であるが、その運命を握っているのは、プロレタリアートである。では、窮迫と疎外のうちにある無産者大衆は、どのようにして、目的意識をもったプロレタリアートという革命主体となるのだろうか。

繰り返すが、無産者大衆の日常的な「窮迫」は、そのままでは経済的要求や一揆を越えられず、党によって覚醒《かくせい》させられ、目的意識を与えられてはじめて、彼らは、党の指導に従って革命を担うことができる、というのが、コミンテルンの「レーニン主義」である。

三木はどうか。

私たちの日常的な社会関係は、商品社会に対応する言葉の凡庸性に支えられており、私たちは、日常的な言葉を通して商品社会に組み込まれ、支配的イデオロギーに連れ込まれている。

だが三木は、日常世界の背後に、既存の「ロゴスに指導されることなき」「無産者的基礎経験」を見た。彼は、無産者階級の生活世界から、日常的な社会意識である言葉ではすくいとられない、支配的な言葉に異和的な、何かが立ち上がり、そこから新しい言葉が紡ぎ出され、公共化されてゆく先に、唯物史観を、マルクス主義を、捉え直そうとした。

こうして、三木はいう。「唯物史観はアントロポロギーのマルクス的形態を先ず認識することなしには到底完全に理解され得ないのである」。「私は私の研究が史的唯物論としてのマルクス主義に多少の開明を与へ得たことを期待する」。

マルクス主義は、空想的社会主義のように、あるいはまた新カント派的な、また人間疎外論的なマルクス主義のように、何らかの「人間的」な理想を対置することではない。「マルクスは云う、「共産主義は我々にとって作り出さるべき状態ではない、現実がそれに準ぜねばならぬ理想ではない。我々は今の状態を止揚するところの現実的なる運動を共産主義と呼ぶ」。エンゲルスもまた云っている、「マルクスはそれ故に彼の共産主義的要求を決して我々の道徳的感情の上に基礎付けなかった、却て彼はそれを我々の眼前で毎日日増しに成就されつつある、資本主義的生産社会の必然的な崩潰の上に基礎付けた、彼は、ひとつの単純な事實である、剰余価値は支払われざる労働から構成されている、ということを語るのをもって満足する」。

「支払われていない」という「事実」は、「魔術」によって隠され、労働力商品の対価は「支払われている」と説明される。だが、無産労働者の労働体験世界の背後には異和的な何かが残る。その

「何か」がプロレタリアートの基礎経験である。マルクス主義は、マルクスという天才が、「支払われざる労働」のからくりを見抜いたことで一回的に成立し了《おわ》り、無産労働者は、彼の示した理論を党の指導の下で学習することで、自らを革命の主体として自覚する、というのではない。マルクス主義は、無産者が労働を通じて日々関わる世界について体感する、言葉にならない異和的な何かから、そのつど立ち上がる。それが、三木のこだわりの原点である。

パスカリザンの思想

帰国後まだ僅かに二年。三木は、かなり遠くへ来ている。余りにも鮮やかな「方向転換」を非難されもした。だが、三木は、「パスカルを書いた私と今マルクスを論じている私との間には、最も緊密な連絡があり、それらの根底には共通の確信と思想とが動いている」と、婚約者に書いている。

マルクス主義は、もとより、公共圏における科学的社会主義理論である。だが、三木がみようとしているのは、無産者が、自己疎外的な世界の背後にある言葉にならない何かに気付くことで、日常的な言葉の支配圏から脱出してゆこうとするドラマである。思えば、パスカルもまた、神の存在を「証明」しようとしたデカルトに抗して、日常性の底にあってそれと異和的な不安という根源的パトスこそが信仰への道であることを強調した。不安に気付くことは、その時々の日常的な事物経験とは全く異なる、全体的で根源的な何かに向き合うことである。それは日常的な言葉が無化される瞬間であり、そこから新たな普遍性への通路が開かれる。

パスカル論では、「人間という存在の最も根本的な規定」は「不安定な動性」にあるとされ、「生の動性はその自覚的なる具体性に於いて不安である」、とされていた。マルクス主義論にも、誤解を招くいい方ではあるが、このように書かれている箇所もある。「基礎経験は、その本来の性格として既存のロゴスをもって救済され、止揚され得ぬものである、したがってそれの存在において不安であるであろう」。それは、「闇として経験され」、「動性として存在するの他ない」。「不安的動性は基礎経験の最も根本的なる規定であらねばならぬ」。

ちなみに三木は同年の「現代思潮」で、マルクス主義が矛盾と対立の弁証法に立つことを「二元論」といい表し、更にニーチェや、サンディカリスムの思想家ソレルなどの名をあげて、彼ら「パスカリザン」の思想に、このような二元論的な思想が認められる、といっている。「パスカリザン」とはパスカルと同じ考え方の人という意味である。彼のいう「パスカリザン」または「二元論」とは、人は一方で共同の日常生活世界を生きつつ、他方でそれとは異和的な「闇」を抱えて生きる存在であるという事実を見据えた思想、という意味であろう。

もちろん三木は、いまやパスカル論の時代から遙か遠くに来ている。彼は、パスカル論までの自らが思想的背景としてきた新カント派、ディルタイ、ハイデッガーなどの「現代哲学」を、「観想的な観念論」という言葉で簡潔に捉え、それらブルジョアジーの基礎経験に対応する哲学はもはや地盤を失った無力な思想となっていると批判する。「それぞれの時代はそれ自身の基礎経験を有する、そしてそれに応じて一定の存在論的決定を含んでいるのである。これらのものに結び付かない哲学は、少なくともその時代に於いては社会に対して現実的な意味をもち得ない」。「このことを我々は今日、理性の哲学、本質存在の哲学の運命について見ることが出来るように思う」。それに代わるべき、無産者の基礎経験から生み出される、新しい現代の思想こそがマルクス主義に他ならない。大衆の「生活と結び付くところにのみ思想の発展はある。これは平凡な、併《しか》し動かし難い真理である」。

それでも三木は、パスカル論以来の、日常的な言葉の支配する世界と、そのような言葉にとっては闇ともいえる新たな世界という二重性に、そして、前者から後者への主体的転換の重要性に注目する態度を、ここでも棄てているわけではない。

三木の死後、いわゆるスターリン批判に関連して、マルクス主義において実践主体をどう理論づけるかという問題を巡って、戦後主体性論争といわれる論争が起こる。実際の論争は不毛に終わってしまうが、三木をこのような「主体性論の源流」とか「戦後の主体性問題の思想的原点」とみる評者も少なくない。だが、既存の言葉から離脱し、新たな言葉を立ち上げるという過程を見通そうとした三木は、理論的に成功しているかどうかは別として、主体性の軽視ということを単に繰り返し指摘するだけの論者たちとは違っている。

目的意識性

三木固有の問題意識を、少し強調拡大しすぎかもしれない。

もちろん、既に述べてきたように、この時期、マルクス主義こそを最も重要な現代の思想とみる三木は、自ら「新興科学の旗の下に」結集して、権力支配に立ち向かい、新しい時代を切り開こうとしている。どんな思想についても、丸ごと受け入れるということはない彼は、党に所属はしないが、しかし危険を冒してでも非合法の共産党を支持し、同じ陣営に立とうとしている。階級意識の立ち上がりとその自然成長性にこだわるといっても、そのことで目的意識性を退けるのでは決してない。

「サンジカリストは疑いもなくパスカリザンである」。だが、「サンジカリズムはマルキシズムの根底をなす唯物弁証法を知らない」。ソレルらは、「この階級に於ける本能的なるもの、自然成長的なるものを極端にまで尊重する」ことによって、目的意識性つまり理論の意義を排除してしまう。「レーニンは、殊に『何をなすべきか』の中で」、「目的意識性を力説した。理論に対する無関心こそ、理論闘争の欠如こそ、実にプロレタリア運動の発展に対する妨害である」。

だが、そう書きながらも三木はいう。「共産主義の理論は労働階級の諸関係の中から言うまでもなく自然成長的に発生しはするけれども、それが理論である限り、理論としての力を現すべきである限り、目的意識性はそれの条件である」。「レーニンが好んで用いた自然成長性と目的意識性との両概念の関係はこのように弁証法的に把握さるべきであろう」。

バランスのとれた遠慮がちの表現であるが、何より党が付与する目的意識性が強調される一方、自然成長性を尊重する傾向が「日和見主義」として激しい打倒対象とされる時代であることを念頭におけば、あえて「言うまでもなく自然生長的に発生しはする」という三木のこだわりがどこにあったかが分かるだろう。

「基礎経験は自己を発展せしめるためにイデオロギー即ち「他のもの」を必要とするのであるが、この「他のもの」はしかしそれ自身現実の基礎経験に於いて具体的な地盤をもっているのでなければならぬ」。「経験の発展とイデオロギーの発展とは相互に制約する。これ（が）イデオロギーの実現の過程に於いて所謂《いわゆる》方向転換が要求される所以である」。「所謂方向転換」といっても、山川・福本論争に直接言及しているのではないが、三木は、無産労働者大衆の体験世界つまり基礎経験に絶えず立ち返ることで、マルクス主義ないしは唯物史観は、生きたものであり続けると考えている。教会と教義、党と理論は、もとより不可欠であるが、重要なことは、日常世界に異和を感じ、自らロゴスを求めてゆく過程である。「イデオロギーが目的意識的に経験に対してはたらき得るためには、基礎経験が自然成長的にそのイデオロギーへの発展の過程にあるのでなければならぬ。基礎経験はつねに自然成長的に自己を表現すべきロゴスを要求する」。

こうして、三木のこだわりは、基礎経験に還ってゆく。ただそれにしても、肝心の基礎経験は分かり難くい。

基礎経験と唯物論

既に引用したように、ある箇所では、基礎経験は「闇として経験される」といわれ、また「不安的動性は基礎経験の最も根本的なる規定であらねばならぬ」、などともいわれる。これだけを読めば、パトス的な何かと受け取りたくなる。だがまた彼は、「私の意味する基礎経験とは現実の存在の構造の全体である。現実の存在はつねに歴史的必然的に限定された一定の構造的聯関に於いて組織されている」、と書く。これらの箇所だけを読めば、基礎経験とは生産関係であるというのはいい過ぎにしても、生産的労働の相互関係を含んだ社会関係だと受け取ってもおかしくない。

三木としては、しかし、このことはおそらく矛盾ではない。基礎経験は、「現実の存在の構造の全体」であり、「歴史的必然的に限定された一定の構造的聯関」つまり社会関係の「全体」であるが、「魔術」によって無産者の疎外された眼に隠されて、「ひとつの闇」となっている。だがそれはなお、個人としての労働者ではなく階級としての無産労働者の世界に、いわば見えない「闇として経験され」、聞こえない通奏低音として体感される。それが無産者の基礎経験だということだろう。

だが、それにしても三木は、「私は存在の最も原始的なる構造を一般に基礎経験と名付けて来た」といい、「ひとは基礎経験の名に於いてなによりも存在的なるものを理解すべきであって、決して意識的なるもの、従ってまた観念的なるものを理解すべきではないのである」と強調しながら、何故それを、あえて「経験」と呼んだのか。

三木はいう。「現実の存在そのものを特に「経験」と称するのは」、「存在をそれ自体に於いて完了したものと見做《みな》すところの、従ってそれを特に運動に於いて把握することなく、却って静的なるものに固定する傾向を含むところの、素朴実在論から我々を出来る限り画然と区別するためである」。

三木は、「素朴実在論」、「機械的唯物論」への批判を繰り返す。

「無産者的基礎経験の構造を根源的に規定するものは労働である」。無産階級は、生産的な労働を通して、世界を具体的な物質的存在として捉え、また生産場面での関わり合いを通して、自らや他者の存在をも感性的物質的なものとして相互理解する。しかし、三木によれば、労働という交渉は、観念論を支持せず唯物論を支持するが、その同じ理由から、抽象的で機械的な物質世界の第一義性だけを単純に主張するような「機械的唯物論」あるいは「認識論的唯物論」を支持しない。

無産者は労働を通じて世界に関わるが、その「関わる」とは、単に対象物と身体との関係ではない。三木は、「意識とは意識された存在以外の何物でも決してあり得ない」というマルクスの言葉を引用する。人間が世界に関わるとは、意識的に関わることであり、労働的実践も単なる物質と身体との関係ではない。

存在の存在性

くどいがもう一度、前節で取り上げた問題に戻ろう。「窮迫」のうちにある無産労働者は、いつ、その階級的使命を意識して、革命を自らの実践的課題とするのかという問いは、次のようにもいい直すことができる。「今や商品の構造は社会的存在一般の対象性の原型として普遍的」となっている。では、「この社会にあって無産者的存在の可能性は如何なるものであろうか」。三木は引用する。「マルクスはこのことを次の如き明瞭な言葉をもって言い現わしている」。「有産階級と無産者の階級とは同一の人間的自己疎外を現わす。しかし第一の階級はこの自己疎外に於いて幸幅さと確実さを感じ」るが、「第二のものはこの疎外に於いて否定されたのを感じ、それに於いて彼の無力と非人間的存在の現実性を見る」。ここから、「同じ直接的現実性に対して相反する二様の実践的態度が可能となる」。三木は、このマルクスの引用箇所を、次のように引き取る。「社会的存在の客観的現実性は、それの直接性に於いては、無産者にとっても有産者にとっても「同一」である」。「然しながら両階級がこの同一なる直接的現実性を、その媒介性に於いて、本来の客観的現実性にまで高める範疇は、両階級の存在の存在性の相異なるに従って、根本的に相異なるものでなければならぬ」。

「客観的現実性」、「直接的現実性」は同じだが、「存在の存在性」が異なる、というのである。少し先取りするが、後に自らへの批判に対する反論でも、三木は次のようにいう。「ブルジョアもプロレタリアも、自体に於いては―或いは自然科学的に見れば一の同一の社会に住む人間である。しかるに何故この同じ社会に対して両者は階級的に異なった、相対立する意識を所有するに到るであろうか」。そして三木はいう。「むしろそれは、存在に対する両者の交渉の仕方の差異乃至《ないし》は対立からして、従って何等か人間学的なるものからして説明されることが出来るのではなかろうか」。

「意識は物質の反映」だというが、コミンテルン的には、物質的な貧困や身体的な労苦が無産者階級にのみ課せられているからといって、それは、彼らを革命にまでは立ち上がらせず、だからこそ、党による、外からの目的意識の注入が不可欠とされる。

だが三木は、「イデオロギーが目的意識的に経験に対してはたらき得るためには、基礎経験が自然成長的にそのイデオロギーへの発展の過程にあるのでなければならら」ないという点にこだわっている。唯物史観という、全く新しい「世界観」が無産者階級の日常性から自然発生してくるのは、その「世界」が既に異なるからである。三木が、「交渉の仕方の差異乃至は対立からして」といい、「存在の存在性の相異なるに従って」といったのは、そのことである。

ハイデッガーを経てマルクスを読む三木にとっては、「存在」はそのつど歴史的に問われ、歴史的に「現れる」。存在「が現れる」ことは、存在「に関わる」ことと同じであり、そして「関わる」とは「交渉する」ことである。三木にとって人間は「交渉的存在」であり、人間と世界は、交渉を通じた「動的双関的統一」のうちにある。そこに、歴史的な存在論的決定を問題にする三木の、「人間―世界」把握の構えがある。

こうして、無産者が世界と如何に「関わる」か、世界の事物と如何に「交渉する」かということと、無産者にとって世界が如何に「存在する」かということは同じである。構造づける「経験」と構造づけられる「存在」が、共に基礎経験と呼ばれているのはそのためである。あるいは、自己了解と世界了解は同じことだといってもよい。アントロポロギーという人間の側に傾いた言葉で表現されようと、存在のモデルといった世界の側からの表現を用いようと、別のことではない。

「存在の組織」は、「人間の存在と自然の存在との動的双関的統一のうちに横たわっている」。「現実の存在はつねに歴史的必然的に限定された一定の構造的連関に於いて組織されている」。そして、「人間の存在が歴史的、社会的である限り」、「かく歴史的、社会的に規定された自然的な、根源的な存在論的決定は、それぞれの時代の哲学に於いて自覚的な、理論的な表現に到達する。存在論的決定の相関者であるところの人間学についても同様に語られ得るであろう」。

三木にとって哲学あるいは思想とは、いわば時代が世界を捉える基底的な枠組み、あるいはその時代に世界が現れる現れ方を、自覚し表現することである。そして彼は、マルクス主義に、その意味での「現代の思想」を見たのである。

唯物論と交渉世界

もちろん問題も少なくない。三木は、「近代的無産者的基礎経験」を「生産的労働」によって規定する。資本主義社会においてこそ「労働一般」が抽象化されるのではあるが、それでも、近代資本制的な商品生産労働を労働一般から区別する点についての三木の所論は充分明確とはいえない。また、商品に支配され商品と関わる凡庸な日常生活世界と、生産的労働を通して身体的に物に関わる共同の労働世界とが、基礎経験に於いてどういう交錯関係にあるのかということも、残念ながら議論が深められない。だがともかく、マルクス主義論を通して、三木の前に、「存在の存在性」という主題が、いい換えれば、交渉的実践と交渉世界という固有の問題領域が、浮かび上がっている。

だが、その立場から、「精神から絶対的に分離された物質を説く機械的唯物論の立場」を繰り返し批判する三木は、例えば次のようにいうことで、更に微妙な立場に立つことになる。

即ち、機械的唯物論は、労働という無産者的交渉とは相容れないとする三木は、こういう。「マルクス主義の唯物論に謂《い》う「物」とはかくして最初には人間の自己解釈の概念であり、我々の用語が許されるならば一の解釈学的概念であって、純粋なる物質そのものを意味すべきではないのである。労働こそ実に具体的なる唯物論を構成する根源である」。

マルクスやエンゲルスらの文献は、ちょうどその頃順次公刊され、三木の訳で岩波文庫から出された『ドイツ・イデオロギー』など、主なものが数年遅れて翻訳出版されつつあった。当時未刊行だったそれら文献に照らしても、三木の議論はマルクス主義に関する重要な問題提起の面をもっていたし、戦後も含めれば、機械的な物質観の批判や共同主観的な世界構造の究明は、マルクス主義者であるないに関わらず重要な思想的課題となる。

それでも、ここで三木が、「解釈学」という、自らもブルジョア的という既存学の名を用いて物質を「解釈学的概念である」といい切ったことは、確かに不用意ないい方であった。とはいえ、ここでは三木の所論を、マルクスやエンゲルスに照らして誤用であったのかどうかを問題にする必要はないだろう。例えば三木は、ハイデッガーの用語を多く借用するとき、ほとんどそれを誤用している。だが、「講壇的哲学」流の祖述《そじゅつ》者や解説者は三木の最も嫌うところであって、誤用する権利を行使する者でなければ、むしろ思想家というに値しないといえよう。問題は、「解釈学的」という表現によって、三木が何をいおうとしたかである。三木は、当時の公式的マルクス主義の、物質概念の機械論的解釈に反対し決定論的歴史観に反対した。そしてその背後には、階級意識の自然成長性を軽視し目的意識の外部注入を不可欠とするコミンテルンの姿勢への疑問があった。

だが、コミンテルンの公式的解釈の「正統性」が余りにも強調される当時としては、「経験」と「存在」とを別のものとみないで、例えば生産的労働に対応する「実践的概念」とでもいっておけばよかったかもしれない物質を、「自己解釈の概念」、「解釈学的概念」だといい切った三木のいい方には、確かに問題があった。物質を機械論的に解し、存在が意識を規定するという原則を繰り返す「公式的な」マルクス主義者たちは、それを唯物論からの逸脱だと見るだろう。

はたして、三木は批判される。

Ⅲ　歴史と運命

治安維持法反対集会（1925年２月７日　東京三田）

逮捕と排除

三木は、二八年の暮れに批判される。批判したのは歴史学者の服部之総《はっとりしそう》で、三木の立場は観念論だ、というのである。ちなみに服部は、後に三木が亡妻の追悼文として書いた幼い娘宛の手紙を読んで深く心を打たれ、また三木の親鸞論に惹《ひ》かれて自らも親鸞論を書くことになるのだが、いまは批判の先頭に立っている。

「唯物論とその現実形態」

暗く始まった昭和はますますその闇を深め、寄生地主制の支配する農村での小作争議、相次ぐ不況が襲う都市での労働争議が激化している。激しい弾圧にもかかわらず、むしろそれ故にこそ、コミンテルン的マルクス主義者たちは、革命をそれほど遠い出来事とは思っていない。来るべき革命に向けて、共産党の権威と指導性を確立することが、前述のように急務とされ、とりわけマルクス主義者あるいはその理解者と見えてしかし党の見解とは異質な論者への批判が激しくなっている。その際最も多く用いられるのは、論敵を「観念論者」という名で攻撃することである。

簡単にいえば、コミンテルン公認の立場では、マルクス・レーニン主義の理論は、おおよそ次のように定式化される。即ち、全体系の根幹となるべき原理論の位置に弁証法的唯物論が置かれ、それが自然世界に適用されたものが自然弁証法であり、社会の歴史に適用されたものが唯物史観（史的唯物論）である。そのような公式からみれば、三木のように、改めて無産者的基礎経験で唯物史観を基礎付けるといったことは、無用かつ本末転倒のことである。そして何より、「物質」を「解釈学的概念」だという三木のような立論は、無条件に物質の一次的存在性を認める明確な唯物論ではない。そして、明確な唯物論でないものは観念論だ。議論の大筋はそういうことになる。マルクス主義では、唯物論と観念論の対立は階級対立の反映である以上、そこには協調や妥協はありえず、あくまで対立の先鋭化だけがある。服部は、「弁証法的唯物論は唯物論の最も完成された形態である」といい、「完成された」という語を、批判論文の中でしきりに繰り返す。

当然、三木は反論する。服部の批判は、一方的な僧侶《そうりょ》の説教のようなものである。彼のいうような哲学的唯物論とは、「実にエンゲルスの書物からの抜き書きにほかならない」。見解の異なる者を頭から非難しつつ、自らは「マルクスの学説をただそのままに借りて来て千篇一律《せんぺんいちりつ》の論を繰り返すだけで、理論を深化も発展もさせようとはしない。そのような、「抽象的な真理の土台に固執するマルクス主義者」、抽象的で活力のない言葉の束を繰り返すだけの論者を、三木は「いわゆる公式主義者」と呼ぶ。そうではなくて、「真実の弁証家」のなすべきことは、マルクス主義の理論を発展させ、マルクス主義の現代的形態を見出すことである。「則ち、唯物論の公式ではなく、唯物論の現実形態が問題なのである」。

宗教と革命

政治的激動が続いている。「大日本帝国」は反対の声を無視して大陸に軍を出す一方、国内の反対勢力を容赦なく弾圧する。二九年三月、厳しい状況の中で、「今や階級的立場を守るものはただ一人だ、山宣独り孤塁を守る！」と叫んでいた労農党の代議士山本宣《せん》治《じ》が暗殺され、翌月更に共産党への大弾圧が続く。

だが、三木は、自らを励《はげ》ましている。二九年はじめの「危機における理論的意識」という論文で彼は次のようにいう。世間でいわれている「思想の危機」とは、これまで支配的だった古い思想にしがみつく独断論者たちの叫びに他ならない。言論では勝てない支配階級は、いまや全面的な思想弾圧に踏み出している。「この危機を弁証法的に把握し、そこにむしろ未来の発展に対する展望を認め得るものは、未来を約束されているところの新興階級である」。マルクスやレーニンの権威主義的な引用など全くないが、それでも三木は、無産階級の未来のために、思想弾圧に抗して論陣を張っている。

そして三木は、この厳しい状況の下、意見の相違は相違として、コミンテルン党と同一の陣営で、共に腕を組み闘ってゆこうと、更なる一歩を踏み出す。即ち彼は、二九年の秋、非合法共産党の指導下に作られた「プロレタリア科学研究所」の部会の責任者となり、また編集に当たってきた「新興科学の旗の下に」を、同研究所の機関誌「プロレタリア科学」に合体させて、その編集長になる。

もちろん、理論面では、三木は、党の立場との間に一定の距離を保っている。宗教に対する態度もその一つである。

社会的不安の増大に伴い、宗教への社会的関心が高まる中、一方で既成宗教の体制化が進むと共に、他方で民衆の苦悩に寄り添いながら権力に迎合しない新興宗教に対する弾圧が強まっている。そのような状況の下、共産党は、宗教からの覚醒《かくせい》を呼びかける反宗教闘争に取り組もうとする。それに応じつつ、三木もまた、既成宗教の堕落を乗り越えて階級闘争の戦列に加わることを、宗教家に呼びかける。

「今日の社会の変革なくして今日の宗教の改革もあり得ない」。マルクスがいったように、諦《あきら》めと慰めを説く「従来の宗教の多くの内容が搾取の廃棄と共に消滅することは明瞭である」。だが、と三木はいう。「それだからといって私は単純に、絶対的に宗教を否定する者でない」。「自然及び社会に関する科学のどのような進歩によっても満足させられることの出来ぬ宗教的要求は存在する。それは人間の存在そのもののうちに横たわっている」。逆に、全ての人間関係が貨幣で処理されるブルジョア社会こそ非宗教社会なのであって、その意味で宗教者はいま、マルクス主義者と同じ戦列に加わるべきである。

もちろん、同じく宗教者に呼びかけるにしても、人間存在にとって宗教は本質的要求であるという三木の立場は、宗教は無産者の心をごまかし惑わす麻薬だと考えるマルクス主義の立場からは認められない。たちまちこの面での三木批判がおこる。

だが三木は、公式マルクス主義者とも腕を組み、権力と闘ってゆこうとしているが、だからといって、マルクス・レーニン主義を完成された無謬《むびゅう》の真理だという態度はとらずに、どんな問題も

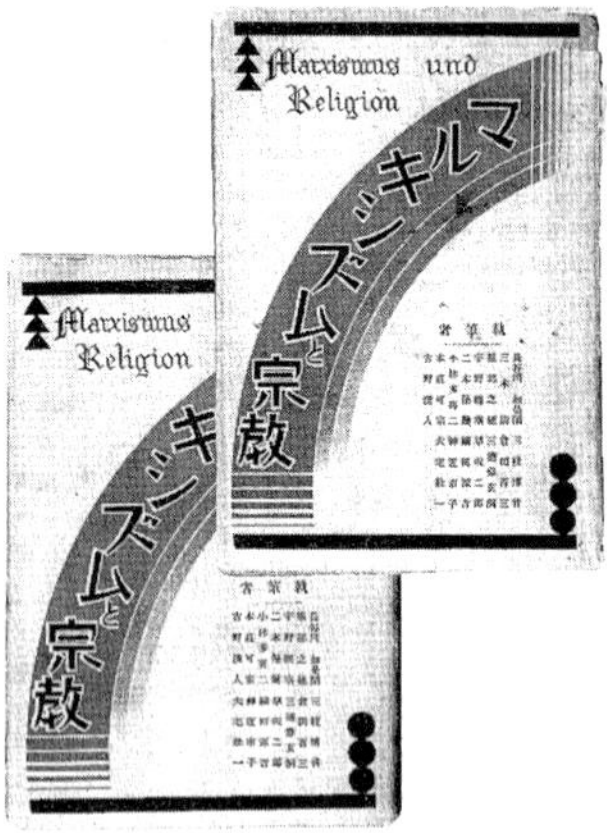

上　「マルキシズムと宗教」初版本
執筆者として三木の名前がある。
下　「マルキシズムと宗教」再版本
三木の論文は再版本には収録されていない。

あくまで自分で考えてゆこうとしている。逆にいえば三木は、理論的な立場が完全に一致した者でなければ現実に腕を組むことができないとは思っていない。思想的立場や視点の違いが、共に腕を組んで未来のために闘ってゆくことの妨げになるとは思っていない。

　だが三木は、そう考えない者が少なくないことを知らない。

検挙

　三〇年五月、マルクス主義運動に対して激しい弾圧を重ねていた権力の手によって、三木は検挙される。非合法の共産党に「シンパ」として資金を提供したということで、文学者の中野重治《しげはる》らと共に治安維持法違反に問われたのである。

　取り調べられたのは、共産党あるいはマルクス主義との関係である。三木は弁明したであろう。確かに自分は、マルクス主義の現代的意義を大いに認め、それを理論的に擁護《ようご》もして来た。だが自分は党員ではないし、党公認のマルクス主義にも全面的に賛同しているわけではない。検事に提出した手記で、三木は書いている。「私はマルクス主義の立場に立脚してマルクス主義を擁護したのでなく、却って私自身の哲学的立場からしてそれを弁護したのである」。「かくて私がマルクス主義者と呼ばるべきでないことは明らかである」。というより三木は、「～主義者」といわれるようなあり方を、生涯拒否する筈である。

厳しい状況の下、治安維持法で検挙された者の中には、拷問を含む権力の激しい追求を受けて、運動から手を引くことを約束させられる者も少なくない。もちろん三木の手記も基本的に、コミンテルン公認のマルクス主義との相違点を強調した、自己弁護のための文書である。だが三木は、既に公表している自らの主張を曲げているわけでは決してない。手記で三木は、コミンテルン公認マルクス主義と自らの思想の違いについて二点を挙げている。ひとつは既に触れた宗教問題であり、もう一つは自然弁証法についてであって、後に触れるがこれもまた三木の一貫した主張である。

結局三木は七月に起訴され、懲役一年執行猶予二年の判決を受けて一一月に釈放されるが、これによって法政大学を辞職せざるをえなくなる。ちなみに、その後任を譲られたのは戸坂潤であった。

けれども、三木を「いたく傷つけた」といわれるのは、猛暑の時期に長期間獄に繋《つな》がれ屈辱的な取り調べを受けたことでもなければ、新妻の長女出産を獄中で迎えなければならなかったことでもなく、また事件によってその職を失ったことでもなかった。三木が逮捕され、官憲の取り調べを受けている間に、彼がそこに加わっていた陣営、権力の弾圧に抗して共に闘ってゆくべき同志たちの陣営だと考え、だからこそ党に資金提供もし、そのために逮捕もされた陣営が、彼を放り出したのである。

観念論

三木が逮捕された五月、服部の再度の三木批判が現れ、申し合わせたかのように、次々と三木への批判が続く。前述のように、彼は「観念論者」だ、というのである。

だが先にも見たように、三木からすれば、観念論対唯物論という図式はもともと、世界を神の観念と見たり、意識の産物だと見たりするような思想を批判するために設定されたものである。その図式でいうなら、三木もまた、唯物論の側に立つことには全く何の問題もない。

例えば前年の「現代哲学思潮」でも、この頃書かれた『社会科学概論』でも、三木は観念論的な哲学を批判しつつ、それに対してマルクス主義の唯物論を高く評価し、その現代的意義を強調している。ただしそれは、唯物論のコミンテルン的公式をそのまま認めることではない。

一時釈放された間に、三木は一本だけ、服部への短い反批判を急いで書く。相変わらず服部は、唯物論の単純な定義や、「存在は意識を規定する」という単純命題を持ち出すが、それらの概念や命題は観念的なお題目でしかない。服部のように、「思想の歴史的被制約性」を無視し、また「存在はつねに現実的な、具体的な、従って特殊的な諸規定をそのうちに含む」ことを無視して、ただ「唯物論の定義」を繰り返すだけの公式主義的唯物論こそ、「全く観念論的」な唯物論といわねばならない。

三木からすれば、現実のマルクス主義の理論もまた、当然「思想の歴史的被制約性」の下にある。先に触れた、二九年の服部への反批判「唯物論とその現実形態」で、既に三木はいっている。エンゲルスやレーニンの機械的唯物論は、「著しく自然科学的」である。それは、自然科学が目覚ましい進歩を遂げた一九世紀の時代意識に、また近代ロシアの歴史的特性に対応している。「一定の実践的社会的形態に一定の観念形態が対応する。唯物論そのものと雖《いえど》も社会の一定の構造に応ずるものであり、そしてまたそれが如何なる特定の形態のものとして能《よ》く現実的であるかは、社会的構造の歴史的特殊性に依存する」。三木は、マルクス主義の歴史性を無視して一九世紀的な議論の地平に固執し続けているところに、機械的唯物論が生まれると考える。

現代の思想である生きたマルクス主義は、前世紀的な歴史的被制約性の下にある機械的唯物論を越えなければならない。こうして、「近代的唯物論がまた実に近代的無産者的基礎経験のうちにその理論の具体的なる根源を有するということを明白ならしめることが、我々の課題」であって、自分は「この課せられた問題を十分に解決」した筈だ、と三木はいう。

交渉と存在

三木は、原点に立ち返って説明する。「存在は意識に依存しない」といわれるが、いかなる交渉からも切り離された抽象的な物質存在といったものは、哲学者や科学者の扱う対象ではありえても、現実の「存在」ではない。「存在」という言葉を使うのなら、まず、事実の世界で出会う事物や人の「あり方」から問題にしなければならない。

繰り返すが、この姿勢はハイデッガーの下で学んだものである。ある時期以降のハイデッガーは存在の意味を神秘的な語り口で表現するようになるが、三木が学んだ当時には、形而上学の歴史を再検討しつつ、日常的な世界了解あるいは存在了解に着目していた。「ある」とか「いる」とかいう時、人は何をどのように了解しているのか。三木もまた、行き詰まった近代認識論の地平を、日常的な事実世界の解明を通して越えようとしているつもりである。

少なくともそのような三木の側からみれば、三木は観念論であるといった公式マルクス主義者からの批判は、大抵の場合、単純な認識論枠に囚《とら》われた、当代の哲学的公共圏の水準以下の心外ないいがかりでしかない。

とはいえ、むしろ唯物論と観念論が共に成立してくる交渉的な存在了解の基盤を問題にすることで、単純な観念論と単純な機械的唯物論を共に退けることができると考えた三木の予想は、議論の先行きに関しては甘かった。三木は、自分はもちろん客体的存在を認めており、全ての外的存在は私の意識事象に過ぎないなどと主張する観念論者ではないという。その通りではあるが、それでも、事物存在は私たちの交渉に於いてその存在性を現すのだということを強調したことで、アヴェナリウスやマッハらの「経験批判論」の同類だという攻撃を更に引き寄せる。「経験批判論」は、ベルクソンや西田の純粋経験にも通じる純粋な経験的データの簡潔な記述に徹する立場で、レーニンによって『唯物論と経験批判論』で批判された。三木はレーニンの批判に与《くみ》して経験批判論は観念論だとはっきり退けつつ、他方レーニンの唯物論の自然科学的偏りをも指摘する。

だが、半世紀以上たった今、このような論争を蒸し返すことにはさほど意味はないだろう。三木が取り上げた思想の歴史的被制約性も、機械的唯物論批判も、共同主観的な世界構造も、戦後は普通の問題になってゆく。だが、単純に唯物論か観念論かと問いつめるのが、当時のコミンテルン的問題枠であった。三木はその枠組みに異議申し立てをしたのであるが、三木の反論もまた、その枠組みにとらわれたいい訳に聞こえるところがなくはない。例えば、先に引いた、「千篇一律の論を繰り返している」という服部批判は、ブハーリンを批判してソ連哲学の権威となったデボーリンを借りている。ちなみに、そのデボーリンもまたちょうどこの時期、ミーチンから「レーニン段階」を無視していると批判されて失脚する。

自然成長性

ただ、私たちの関心から、ここでも二点だけを拾っておきたい。

即ち、三木はここでも、前章の終わりでも取り上げた次のような自問自答を書いている。「ブルジョアもプロレタリアも、自体に於いては—或いは自然科学的に見れば一の同一の社会に住む人間である。しかるに何故この同じ社会に対して両者は階級的に異なった、相対立する意識を所有するに到るであろうか。この問いは、自然科学的唯物論者のいうように、意識をもって外界物の模写または映像と見る立場からは到底答えられ得ないように思われる」。先にあげたレーニンの定義が批判されている。そして、続けて右の問いに、こう答える。「むしろそれは、存在に対する両者の交渉の仕方の差異乃至《ないし》は対立からして、従って何等か人間学的なるものからして説明されることが出来るのではなかろうか。これ（が）私が唯物史観を特に無産者的基礎経験から展開しようと企てた所以である」。

また、三木はここでも、存在を「交渉的存在」として捉えるのは唯物論ではないという服部の批判に対して、次のように反論あるいはいい訳をする。即ち三木はいう。確かに自分は交渉的存在ということを強調はしたが、しかし自分は、交渉に先立って「そこに存在するもの（Dasein）」を、第一の概念として認めているのであって、「存在（Sein）」とは、「そこに在るもの」の「在り方」を表す第二の概念なのだ、と。ちなみにいい訳というのは、先に触れたように、もとの三木の所論では、「存在性は存在に先立つと云わねばならない」と、順序が逆だったからである。現象学やハイデッガーを踏まえているのだが、それはここでは深入りしない。ともかく、三木は続ける。ところで、このような第二の概念と、このような議論は、何故必要なのか。三木は自答する。「階級意識は単に目的意識的にのみ存在し得るのでなく、却って自然生長的に存在する。階級意識の自然生長性の問題は、私の信ずるところによれば、何等か人間学的なるものなくしては、解決することが出来ない」。ここでも三木は、「階級意識は」「却って自然生長的に存在する」と、コミンテルン党の目的意識を強調する立場に逆らいつつ、「意識」に一貫してこだわっている。

政治的排除

先に触れたエイゼンシュテインは、スターリンに追いつめられてつぶやく。「革命の時代は終わり、共産党の時代がやって来た」。「レーニン段階」における党指導性の強調によって、詩、音楽、演劇、映画、建築など、あらゆるジャンルを越えたロシア・アヴァンギャルドと呼ばれる「革命の時代」の「芸術の革命」が、押し潰《つぶ》されてゆこうとしている。日本でも、激しい弾圧の下、プロレタリア文化活動の目的は大衆を党に引き寄せ党の指導する闘いに参加させることであるという政治優位論が支配的となり、様々な文化団体や文化運動での「ボルシェヴィキ化」が進められてゆく。

三木は、アカデミー哲学に対する当代一流の見識を踏まえながら従来の哲学の限界を批判する一方、力を込めてマルクス主義の現代的意義を強調し、マルクス主義こそが現代の思想にふさわしいと訴えていたのであった。もちろん、三木自身も隠そうとはしていないように、彼の考えとコミンテルンの支部である共産党公認の公式マルクス主義との間には〈ずれ〉があることは事実である。だがそれは思想者として当然のことであり、三木はその相違点を強調することでマルクス主義やその陣営や運動そのものを非難したわけでは全くなかった。

だが、三木清が、治安維持法の下、身の危険を顧みず党へ資金を提供し、ために逮捕された後も、党と一体の理論陣営の激しい批判はやまない。「プロレタリア科学」に載せられた決議、「哲学に対する我々の態度―三木哲学に対するテーゼ」は、党の敵対者を批判しないで黙殺したといって彼の「政治的態度の欠除」を批判するのだが、黙殺も何も三木は党への資金援助のせいで獄中にある。だがおそらく、批判の主眼は具体的な個々の点にはない。党にとっては、マルクス主義は無謬の体系として既に「完成」しているが、それでもマルクス主義を大衆に啓蒙宣伝する仕事や、党公認の立場から逸脱する理論を論破する仕事は重要である。更にまた、コミンテルンから示される基本的な党の方針を現実とすり合わせる理論作業も必要である。だが、そのような仕事ではなく、マルクスとは異なる宗教観を隠さず宗教問題に発言したり、マルクス主義の唯物史観そのものを独自に捉え直してゆこうとする理論作業などは、無用な作業であるだけでなく、その独自性故にこそ、党の指導からはずれた有害な作業だということになる。

前述のように、コミンテルン共産党はこの時期、党外で指導に従わず、それでいてマルクス主義を標榜《ひょうぼう》したり左翼的言辞を主張したりする党派や個人こそ、共産党が唯一の無産階級党となることを妨害する、許せない主敵だと見なしている。「唯物論とその現実形態」をもじって服部の三木批判に付けられた「観念論の粉飾《ふんしょく》形態」という表題に、その姿勢がよく表れている。三木は「味方のふりをしている敵」だ、騙《だま》されるな。「粉飾形態」とはそういう意味であり、敵となると発言を許す要はない。こうして、獄中の三木には一回の反論や弁明の機会も許されぬまま、三〇年八月にプロレタリア科学研究所は、三木が委員長であった「プロレタリア科学」編集委員会を解散し、また彼を唯物弁証法研究会の責任者から解任する。

このような党派的な三木批判によって、三木が提起した唯物史観における主体的契機を問い直すという課題は、受け止められることのないまま放置される。もちろん、三木の議論に問題がなかったわけでは決してない。だが、正しい議論だったかどうかということと、正しくないと思われる議論を「正しく扱った」かどうかということは、全く別の問題である。三木ひとりの問題ではない。激しい弾圧への対抗に背を押された「ボルシェヴィズム化」によって、理論活動や広くプロレタリア文化運動の分野で、様々な考え方や見方が、豊かな実りをもたらす機会を奪われ政治的に処断されてゆく。

久野収の言葉を引こう。「本来味方であるべき人々、思想を生き方の中心におくインテリゲンチャの中から、誤解や敵視や挑発《ちょうはつ》を受けたことは、三木さんを恐らくどれほど絶望や孤独に駆《か》り立てたことであろうか」。「三木さんが温かい激励を期待した陣営は、三木さんを誤解し」た。だがそれでも彼は、「当面の敵の陣営」と「本当の味方」を取り違えることは決してなかった。そのことは、「戦争反対者」として「ほとんど望みのない戦い」を闘いながら、これ以後も含め、「三木さんの論文の中に、社会主義や共産主義の体系的批判がほとんど見当らず、それに反して全体主義や〈日本主義〉に対する批判は、非常にヤワラカに、非常に粘りづよく、つづけられているのを見ても、読みとれるところである」。

少し好意的過ぎると聞こえるだろうか。三木は確かに、この政治処分と処分した陣営を非難するといった発言は全くしないが、ただしかし、公式主義と自らの間に顕在化《けんざい》した問題意識の〈ずれ〉をどう処理してゆくかということに関していえば、時代の圧力が、その後の三木に微妙な影を落としてゆく。だが、もしこれ以後の彼の思想的な歩みを何らかの形で問題にしようとするなら、そうさせたことの責任から、この党派的な「排除」を除外することは決してできない。

ただ、最も大きな要因は、もちろん「時代」にあったというべきだろう。ソ連とコミンテルンは、反革命的包囲に抗して、ソ連を護り抜くことを、全世界の支部共産党に最大課題として課している。後に「収容所列島」ともいわれる粛清や強制労働所送りの現状は海外にはほとんど伝わらないまま、「プロレタリアートの祖国」という国家イメージが理想化され、マルクス主義の科学的正しさを理解した青年たちは、マルクス・レーニン主義の旗を掲げる陣営に加わり、スターリン政権を擁護する思想的義務があると思いこむ。こうして、正統マルクス主義唯物論者であろうとすることが、スターリン主義者となることになり、逆に、スターリン主義に批判的な目をもつことが、マルクス主義への敵対者とみなされる。今の地点からの評価とは別に、この時代に生きる者はそういった状況にあったのである。

『歴史哲学』

三つの歴史

勿論、組織と人は別であり、党に近いマルクス主義者の全てが三木に冷たかったのではない。哲学者の古在由重《こざいよししげ》は、意見は異なっても「つかまっている最中に批判されたことに」同情を禁じえず、三木のもとを訪ねると、「かれは非常に失意の心境にあって、さびしそうな姿で庭いじりをして」いたという。だが、しばらく信州の温泉で静養した三木は、やがて再び筆を執る。

旅先で出会ったパスカル、新しい時代を代表するマルクス主義といった、他者の思想を手がかりにした立論ではなく、三木はここで、歴史の中に歴史主体を問うという課題、いい換えれば、個人の自由な行為が普遍性につながる通路を歴史の中に確認するという、学徒時代から持ち続けてきた課題を取り上げ、改めて自らの思想的な核を構築しようとする。

同時にそれは、コミンテルン・マルクス主義からの批判に応えつつ、そこから更に主体的な思索を展開することでもあった。もちろん自己批判的な修正ではなく、むしろ更に相違点にこだわることで、三木は、唯物史観についての自らの考えを深化させてゆこうとする。即ち、理論と実践、ロゴスとパトスを、あるいは歴史と歴史を生きる人間を、ひとつの歴史理論の中で統一し、唯物史観の基礎となるべき歴史における行為の主体性を捉え直そうとするのである。

こうして生まれた成果が、三二年四月に自らの編集による「続哲学叢書《そうしょ》」の一冊として刊行された『歴史哲学』である。

この著で三木は、マルクス主義論では「交渉」と呼ばれていた、人と世界が関わる実践的行為の場面を、いわば歴史が生まれる原場面と捉え、その主体的かつ超越的な事実の構造を掘り下げようと試みる。この書ではじめて「三木哲学」といえるものが成立したという評もある。

さて、もともと歴史という語は、「過去の出来事そのもの」という意味と同時に、「過去の出来事を叙述したもの」という意味でも用いられるが、その二つを三木は、(1)「存在としての歴史」、(2)「ロゴスとしての歴史」という語で表す。いずれにしても問題は過去にある。

けれども三木は、ニーチェと同じく、歴史の原点は、現在の世界にあると強調する。

私たちは、生きている限り絶えず周りの世界に働きかけまた働きかけられているのであって、そのような人間行為の積み重ねが歴史に他ならない。三木は、そのような歴史の原点である現在世界を、(3)「事実としての歴史」と呼ぶ。私たちが生活し、行為しているこの現在世界は、過ぎ去ったものとして眺められたり叙述されたりする世界とは違って、私たちの感情が入り交じった世界であり、私たちの意図が実現されたりされなかったりする世界でもある。三木は、そのような行為世界のありようを、改めて解明しようとする。

存在論的な事実

ここでもまた三木は、日常世界から問いはじめる。仮に私がパンを食べているとする。そのとき私の行動を目にした人は、例えば、「あの人は水を飲んでいるが、この人はパンを食べている」などと記述することができる。私自身もまた、「彼は水を飲んでいるが、私はパンを食べている」というだろう。三木は、事物や事態に対するそのような外からの見方を、「存在的」な見方と呼ぶ。

ただそれらの出来事は、行為者である当の私にとってだけは別様にも現れる。即ち、パンを食べている私の行為は、私が「食べようとして」食べている「私の」行為として実感できる。たとえ夢中でしている行動であっても、また義務的な行為であっても、誰かに問われるなら、私が「しようとして」しているのだ、と私は答える。

そのように、私が何か行為をしているというその「こと」は、一方では客体的な世界で「している」〈こと〉であると同時に、他方では「しようとして」いる主体としての私の〈行為〉である。それを、三木は「事実」という語で表す。日本語の「事実」を意味するTatsacheというドイツ語は、Tat（行為）という語とSache（こと）という語の合成でできている。それを念頭に置いて、「事実」という言葉を選んだのである。

問題は、事実がもつ主体的な側面である。例えば私が瞬《またた》きをしたとき、それが無意識の反射行動ではなく「私がしようとして」した意図的な行為であることは、外からは分からず私にだけ分かる内的な意識の事実である。すなわち「事実は意識に於《お》いて表出され、しかも意識の特殊性は、主体的な事実をまさに主体的に表出することにある。存在の主体的な意味は意識に於いて顕《あら》わにされて与えられる」。

三木は、このように、行為を主体的な側面を含めた事実として見るような見方を、先ほど触れた「存在的」な見方と区別して、「存在論的」な見方という。ちなみに、三木は二つの用語をハイデッガーから借りているが、ただしここでも意味はそのままではない。

主体と客体の弁証法

さて、私が何かを「しようとして、する」とき、「しようとして」ということは私の主体的な意識に現れ、一方「する、している」身体の動作は、客観的に記述できる出来事として存在世界に現れる。では、「しようとして」という意識と「する」という身体行動は、因果関係にあるのだろうか。だが、例えばバットを「振ろうとして→振った」という主体的動因に発する系列は、バットがボールに「当たって→飛んだ」というような客観的な因果系列とは別次元の系列である。そのことを三木は、主体的な動因は客観的次元にとっては超越的な〈根拠〉であるといい表す。

三木によれば、この二つの系列つまり「事実と存在は、どこまでも秩序を異にする」。いい換えれば、「存在の根拠は存在の秩序に属し得ない」。「事実とは、まさに超越的なものなのである」。こうして三木は強調する。「必ず認められなければならないことは、主体と客体とが同じ秩序のものであってはならない、ということである」。この意味で、行為主体である人は、二重の世界に生きている。三木はここでも、歴史の「基礎経験」ということばを使う。

ところで、先にみたように、私の身体的行動と主体的行為というこの二重性のうち、「意識に於いて我々は事実の主体性を理解する。そこに実に、意識の特殊な位置と重要性とがある」。このような主体的な意識存在を、三木は、ここでもハイデッガーから用語を借りて「実存」という語で現す。「人間の実存によって、存在とは異なる事実が理解され、かくて人間は自己を存在と事実との二重のものとして、即ち現実存在として理解するに至るのである」。

だがもちろん、そのような二重性は、行為世界を反省的に分析する時に現れるのであって、当初的には「事実」はひとつである。いわば「最初に行為がある」。現在の世界は、主体的な行為世界であり客体的な事物世界であるという二重性をもちながら、しかも、絶対的に矛盾するその二重性がひとつの行為において統一されている。

三木は、このような絶対的な矛盾の統一に、「弁証法」という言葉を用いる。「事実は一面主体的に意識に於いて自己を表出すると同時に、他面客体的に存在に於いて自己を実現する。このように意識も存在も共に根源的に事実によって規定されている。存在的・存在論的見方はかかるものとして弁証法的でなければならぬ」。

そして続ける。「歴史を弁証法的に捉える史観のみが、歴史における自然と人間の間の非連続性と連続性を理解せしめる。そのためには、歴史もしくは人間が、単に客体的に「存在」としてではなく、同時にまた主体的に「事実」として把握されなければならない」。いい換えれば、「歴史または人間に関する考察の仕方は存在的・存在論的でなければならぬ」。

もちろん彼はここで、唯物史観を念頭に置いている。マルクス主義は、三木にとって、何より唯物史観であり、つまりは歴史的意識に立つ理論である。「そこでは人間は先ず主体的に捉えられねばならぬ」。公式マルクス主義者たちから何といわれようと、三木にとって、その問いを問い進む先にこそ真のマルクス主義がある。いい換えれば、意識と存在を切断した上で観念論対唯物論という図式に固執する公式主義の立場は「存在的」な機械的唯物論に過ぎず、むしろ自分のいう「存在論的な見方」こそが弁証法的な唯物論である。「従来の唯物論には主体的な把握の仕方が欠如していた」。マルクス主義の人間観、世界観は、「主体的な把握の仕方を含むことによって史的唯物論として成立する」、と三木は考えている。

ただし、弁証法という語をこのように用いて、「あらゆる重要な問題は、凡てこの存在と事実との弁証法ということによって説明され」るとする三木の議論を、なお「マルクス主義」あるいは「唯物史観」といってよいかどうか。「いわゆる公式主義者」はそれを否定するだろう。

自然弁証法

少し戻るが、ここに密接な関係をもってくるのが、「自然弁証法」をめぐる問題である。前述の通り、拘置所内で書いた「手記」で、三木が、宗教問題と並んで、公認マルクス主義と自らの思想の違いとして挙げたのは、自分は自然弁証法を認めていない、という点であった。

マルクスは、ヘーゲルの弁証法を唯物論的に作り変えて、弁証法的唯物史観を構築した。そしていま、前章の冒頭でも触れたように、コミンテルンで整備された公認マルクス・レーニン主義では、体系の原理論の位置に弁証法的唯物論が置かれ、それが社会の歴史に適用されたものが唯物史観で、自然とその認識に適用されたものが自然弁証法だ、ということになっている。

もちろん、第一章で既に述べたように、弁証法という語そのものは、大変長い歴史をもつ、形式論理的な「矛盾」を組み込んだ論理であって、別にヘーゲルやマルクスの専売物ではない。例えば西田も、事物次元を超えた真理を表す「一即多、多即一」といった矛盾表現に弁証法という語を多用するように、形式論理では記述できない矛盾をどこに見るかによって、弁証法という語は様々な場面で、様々な意味で用いられる。

右にみたように、三木はここで、世界が、一方で主体的な行為世界であり他方で客体的な事物世界であるという、その絶対的な「矛盾」が、行為において統一されているというところに、「弁証法」という言葉を、基本的には限定して用いようとする。既に二九年の論文で三木は、「弁証法は自由と必然との矛盾の統一である」と書いている。だが、主体を離れては弁証法という語を基本的に用いないのであれば、当然「自然弁証法」といったものは認められない。

エンゲルスの遺稿をまとめて二五年に公刊された『自然弁証法』を岩波文庫に翻訳した加藤正は、三木による自然弁証法の否定を批判し、科学の客観性をあくまで強調する。そのことは、彼の場合、党派的権威が理論的権威に転化されている状況への抵抗でもあったが、「いわゆる公式主義」からみれば、自然弁証法を否定するとは、社会史と自然史を同等に扱おうという公式への真っ向からの挑戦ということになる。

もちろん自然弁証法の否定といっても、三木は自然科学のひとかけらも否定しない。また、月の運動を遠心力と重力という相反する力の均衡として記述したり、川の水が地形の抵抗にあいながら川下に向かって流れ「ようとしている」というような表現を通して、自然の運動にも「弁証法的」という語を、いわば二次的に用いることにも反対しない。

だが三木は、そういった二次的な用法は別とすれば、「弁証法」という語は、歴史の成立根拠においてのみ、即ち、客観的に記述できる事物世界と行為者が内的に意識する主体的な行為の根拠という絶対的な矛盾が、ひとつの行為において統一されているということについてのみ、用いるべきだと提言する。いい換えれば、コミンテルン公式のように、弁証法を「先ず論理として問題とすること」によって、自然の運動や歴史どころかプラスとマイナスのような対立までにもその語を使い、人間社会の歴史を、自然史と等質のものとして、同じ語で説明してすませることに反対する。

主体的唯物論

このように、自然運動に弁証法を認めるかどうかということは、つまるところ歴史的行為の主体面を特別扱いするかどうかという問題であって、後に自己批判するルカーチも含め、マルクス主義の立場に立つあるいはそれに近い人々の間でも、当時から議論が少なくない。戦後はさらに、スターリン批判にも関連して、いわゆる西欧マルクス主義といわれる流れの思想家や、サルトルなども含めて、歴史主体としての人間の問題が議論される中で、機械的な自然弁証法を含むコミンテルン的ロシア・マルクス主義が、批判的な議論の対象となる。三木の自然弁証法の否定もまた、振り返れば、孤立した主張では決してなく、むしろ重要な問題提起であった。

それでも、当時の公式マルクス主義のいう「弁証法」理解からすれば、三木の「存在と事実との弁証法」の特別扱いは誤りだということになる。あくまで端的に「物質が意識に先立つ、反映する」と認めることを唯物論だと考える公式マルクス主義から見れば、主体意識を不可欠とする三木の弁証法観は観念論だといわれるだろう。

だが、三木にとっては、行為者が自らの内にもつ主体的な意識に注目することは、意識が世界から独立して存在することを主張するような観念論では全くない。人が何かを「しようと」するだけで世界が変わるわけでないのは当たり前のことであって、私の関わる事物世界はあくまで私の外にあり、私の意図はそれら事物の抵抗を通して実現されたりされなかったりする。この意味で、「意識は決して単に主観的なものではない」。「事実は一方主体的に意識のうちに自己を表出するにとどまらず、他方客体的に自己を存在に於いて実現する」。そこで三木はいう。「存在論的見方の深さはそこにある。事実は内在的に自己を意識せしめるのみでなく、寧《むし》ろそれよりも先に意識を破って意識に超越的に自己を存在として現す」。

三木は、他ならぬマルクス自身が、人間行動の意識面を重視し、蜘蛛《くも》もまた巧みに巣を作るが人が建てる家は先ず彼の頭の中に描かれる、といっていることを指摘する。そのいい方は、設計図的な目的意識の有無を問題にしていると受け取られる余地があるが、そうではないだろう。人は全ての「行為」を、「しようとして」する。例えば夢中で食べている行為には設計図的な目的観念は伴ってはいないが、しかし問われれば、「食べようとして食べている」と答えるように。マルクスがいうのも、むしろこのような行為の自覚可能性にあると考えれば、そのことを重視するのは、決して世界を主観的に解釈しようとすることではない。

「主体と客体とが同じ秩序のものであってはならぬということは、観念論的立場に於いてのほか充たされないというが如きものではない」。「このことは、観念論的立場に立つことなしにも、認められうる筈である」。観念論だという批判を気にしながら、多少口ごもったいい方となっているが、三木の主張ははっきりしている。

史的弁証法

ただ、ここに問題がなくはない。三木は、公式主義のように、弁証法を自然にも歴史にも適用できる形式的な「論理」とすることに反対し、弁証法の自然への適用としての「自然弁証法」を否定したのであった。そしてそれは、鋭く対比的に、人間社会の運動や歴史こそは「弁証法的」であること、唯物史観は「史的弁証法」に立っていること、の主張でもあった筈である。

だが三木は、(3)「事実としての歴史」と(1)「存在としての歴史」を分けた。「歴史的な発展の根源は、存在としての歴史と事実としての歴史との間の矛盾のうちに横たわっている。ここに歴史における弁証法がある」。であれば、記述されるべき過去の「存在としての歴史」においては、同じ次元では弁証法という語を使えないことになる。

もちろん、「存在としての歴史」も、「それ自身の論理と法則性とを有する」のであり、そして「存在としての歴史そのもののうちには弁証法的関係が見出されるのである」。けれども三木は、ただちに続ける。「存在としての歴史そのもののうちには弁証法的関係が見出されるのであるが、かような弁証法的関係の根底となってそれを現出せしめるものは、もともと事実としての歴史と存在としての歴史との間に於ける弁証法的関係である」。つまり、「存在と存在の根拠との間に於ける弁証法的関係は存在そのもののうちに現れる弁証法的関係の基礎である」。

だがそうなると、「存在そのもののうちに現れる弁証法」は、どのようになるのだろうか。『歴史哲学』と同年に出された『社会科学概論』の表現を借りれば、「客体的存在として人間はまさに「現在」に属し、主体的事実としてはかかる現代から区別さるべき「現在」に属する」。歴史の原点としての「存在と事実の間の弁証法」を仮に「現在弁証法」と呼んでおくと、三木のいいたいことは、歴史を展開させるものは、そのつどその歴史点における「現在弁証法」だということであろう。

こうして、三木はいう。「弁証法的発展なるものは内在と共に超越のあるところに存する。それ故に我々の立場は単なる「史的一元論」ではない」。歴史は、例えば、無産者階級が革命を「しようとして／立ち上がる」という「現在の」事実を除外しては成立しない。唯物史観は、経済決定史観のような史的一元論ではなく、「主体的な把握の仕方を含むことによって史的唯物論として成立する」。三木は、このような自分の見解は、「一般には発展に就いて、特殊には弁証法的発展について普通行われる見解」とは異なるという。もちろん、公式主義的なマルクス主義理解を指している。

ただし、決定論批判もまた、当時も戦後も、決して三木の孤立した主張ではない。ただ、宗教改革期のキリスト教徒が神の決定と自由意志の間で、「私は何を為すべきか」と深刻に悩んだように、歴史を決定論的にみるかどうかが非常に重要な問題であるのは、行為者としての「現在の」私にとってである。三木は、「弁証法は自由と必然との矛盾の統一である」と書くが、その「自由と必然」は、「現在弁証法」にかかっている。こうして、決定史観をめぐる問題とは、いまここで私は歴史を動かす自由主体でありうるかどうかという問題であって、過去の歴史記述の問題ではない。では、そのような「現在弁証法」を繰り込んで、歴史はどのように「書かれる」のだろうか。

別のいい方をすれば、歴史が決定論的に展開するのでないとすれば、それは、因果論的には偶然を含むことになる。「存在としての歴史の根本的規定は偶然性である」。そのような歴史は、どのように、「弁証法的に」あるいは「偶然的」ではなく「必然的」な発展として書かれるのであろうか。三木は、「歴史と称せられるものに内在的（なもの）として現われ歴史に於ける発展の根源たる矛盾は、本来、事実としての歴史と存在としての歴史との間に於ける矛盾によって後者のうちに内在せしめられると考えられねばならぬ」というだけで、唯物史観が弁証法的唯物史観として成立する根拠についての議論は弱い。

以上のように、三木の立論には確かに曖昧な所もあり、三木の『歴史哲学』はマルクス主義時代からの更なる「寝返り、転身」だといった公式主義からの批判もある。だが三木は批判に対して、自分の立論に変化があれば、それは「一の弁証法的な発展」だと反論しつつ、同時に、批判からも「多くを学びたいと思う」といい、自分の「うちになお残されている発展可能性」のために、「今後種々なる教示を惜しみなく与えられんことを願う」と書く。

だが、その願いもむなしく、彼にとってもマルクス主義陣営にとっても不幸なことに、三木の議論は建設的な場で受け止められずに端的に処断され、そのことで、三木にとっては、マルクス主義諸理論の中で自らの位置を測地《そくち》しながら思索を進めてゆくことが、次第に困難さを増してゆく。こうして三木は次第に、マルクス主義論者としての登場当初のような、「現代哲学」を批判してマルクス主義とその歴史観の現代的意義を強調するという姿勢よりも、公式マルクス主義の硬直性を批判しそれを克服しようとする作業、あるいはむしろ、公式マルクス主義からの批判に反論する作業に、大きな力を割かざるをえなくなっている。もちろんそれは、三木の側だけの責任ではない。

社会的身体

例えば三木は、何より言葉の問題を重視し、意識を内面の問題としてではなく言葉の問題として捉え、そして意識と社会性の問題を、言葉の問題領域の中で捉え返そうとしたのであった。だが、そのような問題意識は、「意識は存在の反映だ」というだけの公式マルクス主義の側から無視される。こうして、「意識の社会性」という問題は受けとめられることのないまま、「個人と共同性」という問題は、別の回路で取り上げられてゆくことになる。

即ち、「事実としての歴史と存在としての歴史との間に於ける弁証法」が、歴史を基礎付けるとして、そしてそれは、「しようとして、する」という「超越的な関係」として現実化するとすれば、そのとき「しようとする」のは「私」ではないだろうか。歴史は個人史とならないだろうか。

三木は答える。私は何かをしようとして、そうする。だが、そのとき私は、個的な「私」主体ではない。個人が集まってその後に社会ができるのではなく、「人間は事実として社会的」であり、「人間は唯《ただ》社会のうちに於いてのみ自己を個別化しうる」。かくして「意識も元来社会的なものであり、人間学はその本性上根源的に社会的規定を有する」のだ、と。

私たちの日常世界では、事態は、例えば「このパンを食べたい」という言葉でほとんど余すところなく言い当てられている。それがパンであるのは、前述のように、社会生活の中で繰り返し「パン」という言葉に中和的、凡庸的に関わってきたからである。だが、同時にそれは、「食べたい」という部分にも当てはまる。例えばパンを知らない江戸時代の人ならそうは思わないだろう。すなわち、「しようとする」私自身が、歴史と社会抜きではありえない。別の例を出そう。例えば革命は私が「立とうとする」ときに、戦争は私が銃を「取ろうとする」ときに、ただその時に起こる。だがそのとき、「私」はひとりではない。むしろ私は、「プロレタリアートのひとり」としてあるいは「国民のひとり」として、そのことをしようとして、そうする。革命であれ戦争であれ、歴史は階級あるいは国家を主体として記述できるが、しかしそのことは個々の無産者、あるいは個々の国民の意識とは無関係に歴史が動いて行くということを意味しない。逆にまた、歴史の主体といえるのはただ私であるが、しかしそのことは、社会から切断された「私」の個人意識が主体であるということを意味しない。

日常世界で私は極私的な「私」の意識を越えた「ひと」としてあると書いていた三木は、ここで「しようとする」主体性に注目するときにも、歴史を動かす主体は個的な「私」ではなく社会的な主体だと強調する。

人間は特定の社会的な関係の中ではじめて行為主体である。人間は「社会関係の総体」であるというマルクスの言葉をひくまでもなく、確かに「私」の意識、「私」の身体もまた、もちろん社会を離れてはありえない。そこで三木は、私が何かをしようとするときその私は「社会的な私」であるということを、私の身体は既に「社会的身体」であるといい表す。「あらゆる人間は事実として社会的身体ともいうべきものを具《そな》えているのであって、そのために人間は社会の存在、従って存在としての歴史に自己を結び付けるのである」。

類的存在

ただ三木は、このような「私がそれである社会身体」を、「種族（Gattung）」と呼ぶ。三木は、マルクスが批判的に評価した唯物論者フォイエルバッハをも読み込んでおり、この言葉も二人の議論を踏まえたものである。「種族」とはいっても、部族とか民族に類する意味ではなく、人間の共同性を包括的に表す言葉として用いられている。

ただし、三木はここで人間は社会的身体を具えているというだけで、「社会」ないしは「種族」を具体的な内実において問題にしない。例えば、マルクス論以来の三木の読者にとっては、現実に今、階級よりも民族がより切実な「社会的身体」と意識されるのは何故なのか、といったことが痛切な問いの筈《はず》だが、そのような問いはここでは問われない。彼はただ、「我々は何故に一般に人間は自己を社会の存在に結び付けるのかと問うているのである」といい、そして次のように続ける。例えば「個人が社会のために喜んで犠牲になろうというのは、種族が彼の社会的身体であるためである。事実としての歴史のうちに含まれる或る必然的なものを種族は現すのである」。

三木にとって『歴史哲学』は唯物史観の基礎論よりも広い史観一般の基礎論のつもりである。もちろん三木は、自分は「種族の概念をもって社会の階級的構成を否定し、国民主義、民族主義、人類主義、等々に加担しようとするのではないのであって、我々の問題にしているのは一般に種々な社会が社会として成立する哲学的基礎である」という。こうして、「一定の構造をもった社会が人間に一定の影響を及ぼし、そのために人間が一定の仕方で結合することによって例えば階級というものも成立するのであるが、このことは既に人間が一般に自己を社会に結び付けるという事実の必然性を前提しなければならない」と、階級にも言及する。だが、かつては何より、いかにして無産者「階級というもの」が「成立する」のかということを「現代の思想」の緊急課題としていた筈の三木は、ここでは、階級を単なる「例」として扱っている。

三木の思想には二人称関係についての視点が弱いといった評もある。確かに、相互に葛藤を含む重層的な社会関係を問題にするよりも、個性の先に永遠の調和を見ることからはじまったロマンテイスト三木は、共同性を、容易に「私」の延長上に想定する。「ひとり」と「みんな」の統一という夢の甘さは、彼ひとりのものではないが、三木に関していえば、確かにそれは、良くも悪しくも教養主義に育った三木が思想遍歴の中で越えなかった、あるいは越えられなかった限界といえよう。ここでも彼は、「自己を社会に結び付ける」ことを「事実」として指摘するだけで、私から社会へと議論を移してゆく。そして、後に見るように、この先には、個人と社会あるいは一と多の絶対的な壁を一挙に超える、西田幾多郎の論理が待ち受けている。

西田については次章でまとめて振り返るが、この時期西田もまた、教え子である三木や戸坂らの活躍をはじめ、マルクス主義の影響が拡がる時代変化に無関心ではいられない。彼もまた、独我論を一挙に世界にひらく形而上学的思索の場から、進んで歴史的実在の世界をも含みこむ立場を求めて思索を進め、物や出来事を包みまた超える弁証法的一般者の「絶対矛盾的自己同一」的な自己限定として世界を捉え返すという包括的な立場を、次々と出す著作で深化しつつある。一方田辺は、西田のような立場は個と一般者を直接つなごうとするものだとして、マルクス主義の唯物弁証法とともに師を激しく批判して「絶対弁証法」を主張し、個と一般者を媒介する「種」として民族や国家の意義を積極的に認め、以後戦争に向かって進む国家哲学の道を歩んでゆく。

不安と危機の時代

不安の時代

少し前に戻る。一九二九年、没落の予感に怯《おび》えるヨーロッパをよそに見て、ローリング・トウェンティーズといわれる繁栄と享楽を誇っていたアメリカ経済が、突如、全面的に崩壊する。世界恐慌である。その激震は世界を揺るがし、その波は翌年、金解禁後の無防備な日本経済をなぎ倒し、「昭和恐慌」に追いつめられた農村でも都市でも、小作争議、労働争議が最高潮に達する。貧困と社会矛盾を解決できない既存体制への不満と改革待望の声が巷《ちまた》に満ちあふれ、貧しい農民出身の兵士を抱える下士官を中心に、国家改造を目指すクーデターの動きも現れる。三一年、関東軍が謀略によって「満州事変」を引きおこすと、独走する軍を止められる政治力がないまま、なお戦線拡大の予感がある。混迷と不安が深まり、「危機」という言葉が実感とともに流行語となってゆく。

一方共産党は、二八、二九年の大弾圧によって打撃を受けるが、三二年にコミンテルンは三二テーゼといわれる新方針を発表し、日本の現状を半封建的な地主制と独占資本の結合とみて、その上に立つ絶対主義的な天皇制の打倒を正面に掲げるよう指示をする。だが、大衆の心情に反するその戦略によって、党は益々大衆の支持を失うと共に、権力の弾圧も更に激しさを増す。

だが、知識人の間では、マルクス主義の思想と運動は、なお影響力を保っている。後に共産党委員長として逮捕され死亡する野呂榮太郎《のろえいたろう》を中心に、羽仁や、三木と同時に逮捕された山田盛太郎も加わって進められた、日本資本主義発達史の分析作業は、その成果のひとつであった。三二テーゼを理論的に基礎付けるその理論的立場は「講座派」と呼ばれ、山川ら非共産党系マルクス主義「労農派」との間で、以後長い論争が行われることになる。ただ、それら水準の高い理論的営為も、現実の政治闘争に生かされることはもはや不可能になっている。

発禁処分

文化運動においても、プロレタリア文学が読まれている。弾圧に抗して「ナップ」と略称される無産者芸術団体がプロレタリア作家たちを結集し、小林多喜二や中野重治らが注目を集め、共産党の強い指導の下、三一年には「コップ」日本プロレタリア文化連盟へと発展する。

1929年ごろの三木

少し遡《さかのぼ》るが、前述のように三木は、二九年の秋、党影響下にある「プロレタリア科学研究所」の部会責任者、機関誌の編集長になっている。その役割の責任からか、この時期に書かれたプロレタリア文学についての発言は、党の方針に沿っている。現代は「社会の変革＝建設の時期」である。「新興階級は従来のイデオロギーに対して、自己の階級の要求に応ずるイデオロギーを急速に生産し、普及する必要に迫られ」

ている。「文学の如《ごと》きものと雖《いえど》も必然的に政治的な目的意識のもとに於いて制作され、評価される」べきである。

そして三三年、三木は発禁処分を受ける。岩波講座『日本文学』の一巻に、「現代階級闘争の文学」を書き、当代のプロレタリア文学運動を的確に概括する。「革命」など多くの語を伏せ字にして出版されたにもかかわらず、出版と同時に発売禁止となったのである。その解説文で三木は、プロレタリア文学の課題と現状を、次のようにまとめる。「プロレタリアートの階級闘争は自然生長的な段階から目的意識的な段階へ発展するし」、またさせるべきである。「自然生長性に対して闘争し、労働運動をこのような自然生長的な渇望から転換せしめることが必要な任務である」。「文学も「自然生長的なプロレタリア文学」から「目的意識的なプロレタリア文学」へ発展」しなければならない。

この解説の実際の執筆年は不明であるが、出版されたのが『歴史哲学』後の三三年初頭であるという事実に、驚かないだろうか。ただこれは、岩波講座の企画に沿って書かれた解説であり、三木は、当時「比較的に正統的と認められる意見になるべく準拠して日本における現代の階級闘争の文学もしくはプロレタリア文学が如何なるものであるかを叙述し」たと断っている。「正統的」とは、共産党の強い指導下にある「ナップ」及び「コップ」の立場である。そしてまた三木は最後に、以上のような「正統的と認められる意見」からは「異論、反対」があるだろうと控えめながら、「若干の反省」という形で、三木自身の見解を付け加えている。「芸術上における真の意味のリアリズム」は、「主体的真実性と客体的現実性との弁証法において初めて十分な意味で成立する」。なるほど「イデオロギーは飽くまで必要ではあるが、更に重要なことは、それが主体的にほんとに体得され、もはや単なるロゴスとしてではなく、またパトス的に存在するということである」。そのようにいえば、「唯物弁証法でいう主体はプロレタリアートとその党のほかの何者でもない、と他の者は反対して云うであろう。いかにもその通りである。しかし」、「プロレタリートとその党といっても抽象的な存在であるのでな」い。文学は、あくまで「具体的な人間を通じて描くことが必要である」。

『蟹《かに》工船』で最底辺労働者の実情を描いた小林多喜二は、この年三三年、『党生活者』で、戦後その非人間性を指弾《しだん》されることになるほどの厳しい非合法党員の地下生活を描くが、逮捕されて特高警察に虐殺される。党は激しい弾圧の下、内部にも深刻な問題を抱えて、壊滅状態に向かってゆく。そして、河上肇らが検挙され、獄中にあった最高幹部佐野学、鍋山貞親《なべやまさだちか》が、党方針の大衆的現実からの遊離に耐えきれずに自己批判する声明を出すと、それがきっかけであったかのように、党員たちが雪崩《なだれ》をうって党を離れてゆく。

危機の時代

三〇年代の激動は世界的規模である。大恐慌の波が各国の経済を破綻《はたん》させ、各国に深刻な社会的混乱と激しい政治的対立を引きおこしている。こうした危機的な時代状況が醸成《じょうせい》する大衆の不安を培養土として、ファシズムの暗い影が大きく成長し、イタリアに続いて、三三年にはドイツでもナチスが権力を掌握《しょうあく》する。世界中で、危機が叫ばれ、国家権力が強化され、ブロック間の対立が激しさを増し、再び世界戦争を招くのではないかという不安が、人々の心を暗く荒廃させつつある。

国内では、反乱軍人が首相を射殺した「五・一五事件」を氷山の一角として、軍人によるクーデター事件が続き、軍部ではそれを利用して、政府の制約を受けずに逆に政府に介入する姿勢が進行してゆく。関東軍の手で傀儡《かいらい》国家「満州」を建てた日本は、国際的に孤立して国際連盟を脱退し、もはやファシズム国家との同盟の道しか残されていない。マルクス主義的な政治活動はもちろん、三三年に京大法学部教授が大学を追われた滝川事件が象徴するように、批判的と見なされる者の口が次々と封じられてゆく。

このような厳しい状況に抵抗しようと、三木は、新聞や雑誌に次々と時評を書き、また、評論家長谷川如是閑《にょぜかん》らと、ナチスの焚書《ふんしょ》や滝川事件に抗議声明を出し、反ファシズムの「学芸自由同盟」を結成して活動する。

こうした時代を覆う不安を受けて、『悲劇の哲学』などで知られるシェストフが読まれ、「不安の文学」とか「不安の哲学」といった言葉が日本でも流行している。三木は、「不安の思想とその超克」でいう。「満州事変という重要な事件」の「影響によってインテリゲンチャの間に醸し出されつつある精神的雰囲気はほかならぬ「不安」である」。今や、このような「不安の思想の根本的性質を理解し、批判すべき必要に迫られて」いる。かつて不安を人間存在の根底的パトスとみていた三木は、いまあえて社会に漂う危険な徴候に警鐘を鳴らそうとする。流行の「不安の哲学」や「不安の文学」は、「「限界状況」におかれた人間の表現であるといってよいであろう。なによりも客観的社会から孤立させられることによって、人間はかくの如き主観的な限界状況に追いやられる」。三木はインテリゲンチャすなわち知識人における「不安」の流行の背後に、時代の病を見る。

病んでいるのは当代の社会である以上、「社会的不安が絶滅されない限り、不安の思想が完全に超克されることは不可能である」。かくして、「最も基礎的な問題が、実践的にこの社会を革新することにあるのは確かである」。その言葉で三木は、どういった社会変革を指しているつもりなのであろうか。勿論、この時代、「革命」とは書けない。具体的にどういう社会の「革新」を指すのかは書かない、あるいは書けないままに、三木は、社会的危機が生みだしている時代の不安を「超克するためには新しい人間のタイプが作り出されねばならぬ」、という。では、それを作り出すのは、どのような人間学であり思想であるのか。

社会改革と人間再生

三木は、その年出した論文集に『危機に於ける人間の立場』という題をつける。「思想の危機の時代」に求められるのは、時代を転換させる新しい人間学であり、「新しい人間のタイプ」である。翌年彼は、文学論を集めた『人間学的文学論』を出す。「新しいヒューマニズムの問題はむしろ社会的人間でなければならぬであろう」。「しかるに今日の人間学はいわゆる「生の哲学」や「実存の哲学」の中にみずからを隠してこの課題を避けようと努めているようにすら見える」。社会性を軽視する流行の現代思想に対して、明示されないが、あるべきマルクス主義が対置されている。「新しいヒューマニズムにとっては社会性と人間性との結合ということがその中心的な問題であるべき筈である」。

「社会性と人間性」は、「主体的・客体的として定義される人間」の客体面と主体面である。そして、客体的な現実性と主体的な可能性は、ロゴスとパトスに対応する。「新しいヒューマニズム」が求める人間の「タイプはパトスとロゴスとの統一によって構成される」。文学もまた、「正統的と認められる」プロレタリア文学のように「イデオロギー」に偏るのではなく、同時にパトロギーによって支えられねばならない。

三木にいわせれば、講壇で論じられている「現代哲学」は、もはや新しい人間のタイプを生み出す力をもってはいない。それだけではない。三木は、三四年の「最近の哲学」などで、現代哲学には逆に大きな危険性があると指摘する。かつて流行哲学であった新カント派は第一次世界大戦後に時代遅れとなり、その後「生の哲学」の流行を経て、ハイデッガーのような「実存の哲学」が現れた。実存哲学は社会的に中間的な知識人の精神的危機を表現する、代表的な「不安の哲学」である。だが、近代の人間観を支えてきた理性が根底から動揺させられ、人間が自己確実性を失っている現在、人々は不安の哲学を通って容易にファシズムに引き寄せられる。

三木はその典型的な実例を、ナチスに入党したハイデッガーに見る。ハイデッガーはナチスの後押しでフライブルク大学の総長に就任し、「ドイツ大学の自己主張」を書いて、ドイツ民族に偉大さを保証しようというナチス的な国家原理に共鳴しつつ、民族の血と地に基づく運命共同体への献身的使命を強調した。こう述べて三木は、ハイデッガー哲学とナチズムの結びつきは明らかだと、かつての師を強く批判する。

一方、人間のタイプを生み出す力を失った「ブルジョア哲学」に代わって、時代の思想となったのはマルクス主義である。マルクス主義が「多くの青年の心を捉えた」のは、「それが「プロレタリアート」の名のもとに新しい人間のタイプを与えようとした魅力によるところもあったであろう」。ただしそれは、「まだ十分に正確で、明瞭で、具体的なタイプにまで総合され、形成されていない」、と三木はいう。唯物史観は基本的に正しいが、「単に人間の存在は社会的に規定されているという如きのみでは不十分である」。そして、先に触れた戦後主体性論と同じ問いを問う。革命の必要性が理解できても、「何故に私は自己を犠牲にして社会の革新のために活動しなければならないのであるか」、が納得されなければならない。こうして三木はいう。新しい人間のタイプの確立、「これは新しい歴史的社会的条件のもとに、新しい哲学的基礎の上においてなされねばならぬことである」。

ちなみに、本書「はじめに」に挙げた「生存理由としての哲学」は、この時期に書かれたものである。

新しい人間のタイプ

そこで三木は、歴史哲学を踏まえた「新しい人間のタイプ」を見通そうと、三三年の秋から『哲学的人間学』を書きはじめる。

『哲学的人間学』

「哲学的人間学」は、実証的社会科学の隆盛に対する人文学復権の機運に立った、西欧でも当時話題となっている思潮でもあるが、三木はそのタイトルの下に、改めて人間をその社会性において掴《つか》み直そうとする。この試みは、三四年からずっと続けられ、書きためた原稿は岩波で校正刷にされてゆくが、しかし三七年になって、後にみる『構想力の論理』の執筆開始と引き替えるように断念され、未完稿が残される。未完稿ではあるが、マルクス主義論を受けた『歴史哲学』から、西田哲学の影響の濃い『構想力の論理』への過渡にあたる時期の大幅な歩みが読みとれる。

この頃書かれた短文で三木は、「今日の真面目な、良心的なインテリゲンチャ」の「間ではマルクス主義思想は常識化している」が、ただ彼らは、「社会的見方即ち客観的見方」はいいとして、マルクス主義では「人間性の問題」が「取り残され」るのではないかと不安を感じている、と書いている。いま三木が取り組もうとしているのは、「ひとり」と「みんな」つまり「私」と社会の関係という、三木終生の課題であるが、具体的には、「プロレタリアート」という新しい「人間のタイプ」を、より明確に捉え直したいという意図があった筈である。だが、人間と社会の関係というテーマは、迫り来るファシズムにどう対決するかという、知識人に課せられた時代の緊急課題に引き寄せられて行かざるを得ない。

さて、前述のように『歴史哲学』で三木は、歴史の現在点の「私」性を越えるべく、「私がそれである社会身体」を問題とした。私が食べたいものはみんなが食べたいものであり、私の怒りは労働者みんなの怒りである。社会的欲求は私に身体化されて現れる。「社会は我々の存在の根拠として、超越的であ」り、「社会は、それに於いては個人が客体と見られるような主体である」。

そこで三木は、例として民族をあげる。「例えば、民族の基礎とされる血や地の如《ごと》きもの」もまた、私にとって「主体的自然的なもの、社会的身体的なもの、パトス的なもの」として現れる。例ではあっても、三木はここで階級を挙げない。とはいえ、この時代、殆《ほとん》どの人々にとって階級とは非現実的な観念に過ぎず、一方人々は、戦争に煽られつつ、民族にこそアイデンティティを見ている。三木ならずとも、個人と社会の問題をとりあげ、人々の内にある「自然的なもの」に注目しようとすれば、人々にとっての社会的身体は先ず「民族」である、という事実に直面せざるをえない。

もちろん三木はこの時期、何よりファシズムや民族主義を、自らが闘う相手と見据えている。だが、実際、殆どの人々にとって、階級とは日常意識から遠い観念に過ぎず、一方戦争が民族意識を煽《あお》っている。これまでロゴスに対する内発的パトスの軽視を批判しようとしてきた三木故にこそ、

「民族」の時代への抵抗姿勢は、複雑になってゆく。

「凡ての行為は根源的に歴史的であり、それは自由であると共に運命でなければならぬ」。「運命とはパトス的なものである」。そして「民族はその本性に於いてパトス的結合である」。確かに、歴史は、民族は、個人に対して運命のようにのしかかる。平凡ではあるが苛酷《かこく》なこの事実に、どのように思想的に向き合うか。

運命と自覚

ファシズムの嵐が吹き荒れるこの暗い時代に、知性の無力さを噛《か》みしめながらも敢《あ》えて人間性の拠り所である知性の杖《つえ》だけは手放すまいとする知識人たちが西欧にもいる。コミンテルン公式主義に反対しながらも批判的左翼の立場を守り、マルクスの思想を社会学等と結合させつつ、独自の批判理論を展開するフランクフルト学派もそのひとつである。だが彼らも、「ゲルマンの血」を掲げるナチスの迫害を受けてドイツからの亡命を余儀なくされる。

遠く呼応しつつ、三木もまたファシズムへの流れを、懸命に押しとどめようとする。日本におけるファシズムは、日本主義という姿をとっている。三木は、運命共同体への国民統合を掲げて排外的な戦争を煽る偏狭な民族主義を、互いに関連する二つの点で厳しく批判する。

第一に、民族主義は、個人が「社会や国家の手段または道具としての意味しかもたなくなる」有機体説に立っており、「個人の社会に対する自由と独立性とが認められない」全体主義である。「有機体説に於いては部分はつねにどこまでも全体に依存的従属的に考えられる」。「個人の価値は民族の精神に適従」させられ、「我々は全き隷属に甘んじる奴隷の位置に身を卑めて普遍的な有機体の中に入って行かねばならぬ」。

第二に、民族主義やファシズムでは、民族の血と地といった非合理的なものが重要視される。三五年「非合理主義的傾向について」という論文でも三木は、「現代の非合理主義を集中的に表現しているのはファッシズムである」と書いている。

そのように三木は、自然的な民族融合のパトスに依拠する偏狭な民族主義を全体主義と非合理主義という二点で批判し、ファシズムが利用する民族のパトス的結合を、ロゴスすなわち自覚的な理性で相対化しようとする。「ロゴス的になることは自覚的になることであり、ロゴスなしには人間の自己性は成立することはできぬ」。だが、もちろん三木は、単純なロゴス化を主張するのではない。三木が求めるものは、あくまで、ロゴスとパトスの矛盾的統一である。「社会はパトス的統一であると共にロゴス的統一である。本来「民族の如きものと雖《いえど》も、単に自然的なものでなくて歴史的なものであり、かかるものとして単にパトス的なものでなくて同時にロゴス的なものでなければならぬ」。

だが、このようなパトスのロゴス化の主張は、他方で、民族共同体の非合理な神話の合理化を促し、人々に共同体の自覚化を促すという機能をも果たす、少なくともそのように受け取られる危険性をもっている。そして実際それが、状況に流されまいと懸命に抵抗しながら、以後三木もまた、遂に時代の流れと共に向かわざるをえない方向となってゆく。

更に、もうひとつ注意すべきは、ここで三木が再び「弁証法」という語を使うことである。「個人は一方ではあくまで社会から規定されながら、他方ではあくまでも社会に対して独立のものでありたい。「このように、一見矛盾的に思える関係を正しく捉えるのが、弁証法的な把握の仕方であり、そういう見方こそが我々にとって問題でなければならない」。「個人と社会の間に於ける若しくは個人と個人の間に於ける絶対的な否定、非連続の関係は弁証法によってのみ正しく把握されることが可能である」。

こうして、「社会はただ我々に対して外にあるものでなく、却って主体として内に於いて我々を超越するものであるが、同時に社会は我々にとって内在的であり、それ故に人間は社会を表現するとも考え得る。社会は人間に対して超越的であると同時に内在的であるところから、人間の二重の性格、即ち個人的であると同時に社会的であるということも従ってくるのである」。

三木は、このような立場を「行為的自覚の立場」という。「人間学に於ける我々の立場は行為的自覚の立場である。それは人間を身体から抽象することなく、しかも主体的に、且つ社会的に把握する。人間は内的にして外的な、或いは主体的にして客体的な存在である。行為的自覚の立場にして初めて人間を全体として捉え得る」。「内的・外的な、主体的・客体的な人間存在の具体的な認識を可能ならしめるものは、ただ行為的自覚の立場のあるのみである」。こうして「社会性と人間性の統一を求めて」、三木はこの時期再び、社会を「無の弁証法的一般者」というなど、西田哲学に接近してゆく。

かつて三木は、社会を統一の面でなく矛盾あるいは対立の面で捉えることが思想の現代性にとって不可欠だと主張して、マルクス主義的な階級闘争を支持していた。次いで、マルクス主義を主体化しようとすることから、存在と事実の、客体と主体の間の絶対矛盾に注目した。だが彼はいま、矛盾を、個人と共同体の間に見て、その自覚的統一を要請する方向に引き寄せられつつある。

「行為における超越は二重である。行為を内に於いて規定するものは意識をも内に於いて超越するものであり、意識は寧《むし》ろこのものの表現と見られ得る」。三木のいう「このもの」とは社会である。「社会はただ我々に対して外にあるものでなく、却って主体として内に於いて我々を超越するものである」。全ての行為を私はしようと思ってするのだが、私にそうさせるもの、すなわち内側から私を動かすものは、内在的な社会である。

だがいま、「内在的な」社会とは何なのか。階級を通して見える筈の未来の共同体が遠ざかりつつあるのと引きかえに、既存の共同体の姿が大きくなりつつある。

中国大陸では、関東軍の更なる妄動が緊張を高めつつあり、傀儡《かいらい》「満州」に固執する日本は国際的孤立を深めて、国際連盟からも脱退する。国内でも思想統制が強化される中、軍部の反乱事件が次々と起こり、暗い不安が益々高まっている。誰もが、民族という「運命」共同体を自覚せざるをえなくなっている。

もちろん、時代の課題を自らの課題としてあくまで背負い続けようとする三木は、排外的な民族主義者あるいは天皇制国家主義者に対する批判者として立っている。だが、その批判作業においてこそ一貫してロゴスとパトスの統一を求めてきた三木は、プロレタリア階級という未来を拓《ひら》く「ロゴス共同体のパトス化」が大衆的現実性を失いつつある時代にあって、民族という過去を背負った「パトス共同体のロゴス化」という問題領域へと、ゆっくりと視線を移してゆくことを余儀なくさせられている。

「抵抗力のある進歩主義者」

共産党が非合法とされて激しい弾圧にさらされる中、合法の枠内で唯物論の理論的活動を護りぬこうとした戸坂潤らは、科学の大衆化と大衆の科学化を目指して「唯物論研究会」を結成し、三二年創刊の機関誌「唯物論研究」には三木も寄稿する。三五年、「唯物弁証法的論理こそ本当に唯一の論理」であるという立場から西田の「無の論理は論理ではない」と断定した戸坂は、翌年「西田哲学のマネージャーのように振舞う」三木を批判する。かつての「三木のマルクス主義なるものは、哲学ではなくて唯物史観に過ぎなかったのであり」、「その唯物史観も実は唯物論ではなくて、正に歴史哲学だったわけだ」。「マネージャー」というのは全編に流れる底意地の悪い戸坂流表現であるが、それを別にすれば、確かにこの時期、後に見るように三木は西田哲学に接近している。また「哲学」とは歴史にも自然にも適用できる弁証法的唯物論であるというコミンテルン的立場に固執していえば、なるほど三木の解したマルクス主義はコミンテルン的「哲学」ではない。見方によれば戸坂も翌年ようやく文学論で、社会科学的な方法は「個人」までは扱えても「「自分」という事情をうまく科学的に問題にできない」と、三木の問題意識に追いつこうとするが、戸坂にとっては「哲学」とは無縁な文学の問題であったそれが、三木にとっては「歴史哲学だった」。戸坂は、「今日では、私は殆ど全く三木清に似てはいない」。「彼はヒューマニストになろうとしている。戸坂は、少なくとも「自分がある」点で、「この自由主義者は他の自由主義者の多くの者とは異なって、相当抵抗力のある進歩主義者であるように見受けられる」、と締めくくる。

別のところで戸坂は、自分を「公式主義者というなら、大いに結構だ」と書いているが、三木もまた、もしも自分を「ヒューマニスト」とか「自由主義者」というならそれでも結構だ、と思っていただろう。この年三木は書いている。「自由主義者の個人的な要求も社会的な要求も、マルクス主義によるのでなければ決して充足され得ない、とマルクス主義者は云う。よしその通りであるとしても、自由主義者は彼等自身であることをやめないであろう」。「自由主義はマルクス主義に対しても批判の自由を要求する」。自由主義を「無意味無価値」と「考えるのは、既に体系的独断論の偏見にとらわれたものにほかならぬ」。そしてまた別に、こう三木は書く。「自由主義の現在のフロントはファッシズムに対している」。

少なくとも、この時期にも三木は、先にひいた久野収のことばを使えば、「「当面の敵の陣営」と「本当の味方」を取り違える」態度は、決してとってはいない。

ちなみに、三六年にジイドの「ソヴィエト紀行」がスターリン体制下にあるソ連のレポートとして論議を呼ぶが、三木は慎重な態度をとっている。翌年、ソ連での粛清事件の報道を知って、三木は次のように書く。報道には臆測や反ソ宣伝も含まれているだろうし、ソ連に戦時体制を余儀なくさせているファシスト諸国にも責任はあろう。それでも、スターリンによる粛清は事実のようだ。体制に弱点や欠陥があったからだろうか。「この悲劇はもとより単にソヴェートにおいてのみでなく、世界の到るところにおいて、過去および現在にわたって、見られることである」。「我々が知りたいのは、ソヴェート民衆が今度のような事件をいかに考えているかということである」。「政治の論理の非情性を思わずにはいられない」。

三木は、コミンテルン公認マルクス主義者のように、見るべきことに自ら眼をふさぐようなことをしていない。しかしまた三木は、そこから一方的な断定はせずに、その悲劇の責任はファシスト諸国にもあるといい、さらにこのような悲劇は、世界中で見られることだという。そして、この悲劇全体から、「ソヴェート民衆」に思いを馳《は》せる。そしていう。「人間の論理、ヒューマニズムの論理が政治に対する批判的な力とし強化されて現われることが大切である」、と。戸坂は、三木を「ヒューマニストになろうとしている」といった。そしてまた実際、三木はこの頃から確かにその語を多く使う。だが三木の反応は、「ヒューマニスト」のそれであっても、決して「反共主義者」のそれではない。むしろ、当時のコミンテルン公認の「唯物論者」が書けなかった、あるいは書かなかった、このような文を書くことができたのである。

ナチスの党大会（1936年）

ファシズムと人民戦線

日本は昭和も一〇年代に入っている。天皇制国家に対する最も全面的な抵抗集団であった共産党は、幹部を次々と逮捕や虐殺で失い、また内部でも陰惨な事件を起こしつつ組織として壊滅する。引き替えに国家主義者たちの言動が猛々しくなり、蓑田胸喜《みのだむねき》らの攻撃で、天皇を国家の機関とする従来の定説も弾圧され、天皇権力の超法規性が「国体」の名の下に強調されて、天皇の軍隊を制御する道が閉ざされてゆく。

三六年、農村の惨状を救うべく天皇を奉じて国家改造を志す青年士官が部隊を率いて蜂起《ほうき》するが、雪の首都を震撼《しんかん》させ三木も一時避難したこの二・二六事件も、結果的には統制派と呼ばれる軍官僚たちの主導権の確立をもたらす。三木は的確に予言する。「今回の事件の影響として第一に考えられることは、我が国におけるファッシズムの「合理化」の促進乃至《ないし》強化ということである」。以後、軍部の政治力が更に強くなり、軍の意向に反しては組閣さえできなくなる。そして軍国日本は、対外的にもナチス・ドイツと日独防共協定を結んで、はっきりとファシズム陣営の一員となる。

三木は、「日本主義」的な「国体」の本質を見抜いている。「時代の非合理主義を集中的に表現している」ファシズムは、「資本主義の現在の段階に相応するイデオロギーである」。だが、「個人主義や自由主義が十分に発達していない」日本では、ファシズムは「日本主義」として現れる。「今日の日本主義はファッシズムである」。その日本主義が、天皇の軍隊と結んでいる。

かつて「三木のマルクス主義なるもの」があり今彼は「自由主義者」だ、と戸坂がいうのは、コミンテルン的マルクス主義ではないという意味でそれなりに理解できる。そしてまた、コミンテルン的マルクス主義を常に一貫した評価基準としてそこから三木の転身を批判するという立場も、もちろんありうる。だが三木は、本書「はじめに」に引いた文で書いている。「知識としての、あるいは教養としての、文化としての、もしくはイデオロギーとしての哲学の問題に先立って、現代の社会的精神的情況のうちにおける人間の可能なる生存理由としての哲学が問題にされねばならぬ」。三木は常に、「現代の社会的精神的状況」が課してくる課題に立ち向かい、それを自らの課題とするタイプの思想家であった。そして、まさに今、時代にのしかかっているファシズムの黒い影を前にして、三木は、「自由主義の現在のフロントはファッシズムに対している」と書き、「抵抗力のある」「自由主義者」だと評されている。切迫するファシズムの黒い影を前にして、なるほど三木は次々と新しい課題に取り組んでいった。それを転身というなら、確かにその意味で転身した。しかしそれをいうなら、コミンテルンもまた、同じ黒い影を前に、より大きく転身せざるをえなかった。

ヨーロッパでは、世界恐慌後の混乱と対立が収まらぬまま、急成長するファシズム勢力に対する不安が拡がり、ファシズムに対抗する人民戦線構築の運動が拡がってゆく。コミンテルンは、ナチス・ドイツがソ連の国家的脅威となりつつあることもあって、三五年の夏に、方針を大転換する。これまでは、社会民主勢力を「社会ファシズム」と呼んで主敵としてきたが、その姿勢を大きく逆転し、人民戦線の連帯相手として共闘する方向へと方針を変えたのである。ソ連が、更に方針を大転換し、自国防衛のために今度は何とナチス・ドイツと不可侵条約を結んで全世界を驚かすのは、今少しあとの三九年のことである。

フランスに続きスペインでも三六年に人民戦線政府が樹立されるが、フランスのそれは短命に終わる。スペインでは、ナチスに後押しされたファシスト軍の反乱によってスペイン市民戦争が起こり、世界中からの義勇軍の支援もむなしく、共和国政府は敗北する。

国内でも、京都で中井正一や久野収らが雑誌を発行して、広範で柔軟な人民戦線の構築を目指していたが、三七年末から、合法左翼政党、労働団体、労農派系の学者へと激しい弾圧が続き、中井らも検挙されて、以後は、ファシズムに抵抗する運動は全くできなくなってゆく。

IV

翼賛と抵抗

2・26事件の反乱軍（左）と、事件を伝える新聞（1936年）

『構想力の論理』

西田哲学とポイエシス

さて、雪の二・二六事件、夏のスペイン市民戦争開始で知られる三六年は、この年最後の月に起こったもうひとつの事件でも、世界史の転換点として記録されることとなる。中国で激しく対立していた国民党と共産党が再び手を結ぶこととなる西安事件である。ヨーロッパの反ファシズム人民戦線は短命に終わるが、国共合作によって成立した中国の抗日戦線は、以後何年も続いて、日本軍を消耗させてゆく。

そしてまた、この年三六年は、ヒトラーのナチスが、全世界に自らの存在と力を誇示したベルリン・オリンピック開催の年でもある。ヨーロッパ諸国は「第三帝国」による新たな戦争の予感に怯えている。もちろんファシズムは、ヨーロッパだけの問題ではない。

『哲学的人間学』で、三木は、民族主義的パトスによって個人の自立性を完全否定するファシズムの「全体主義」を問題にしてきた。そしてそこから、「個人は一方ではあくまで社会から規定されながら、他方ではあくまでも社会に対して独立のものであ」るような、「ひとり」と「みんな」、個人と社会のありようを、「新しいヒューマニズム」という言葉で表し、そのような新しい「ヒューマン（人間）」のタイプを模索して来た。けれども三木は、次第にそのような問題枠の限界を感じつつある。一方では社会から規定されながら他方では社会から独立しているという、新しい人間のタイプは、そのような矛盾を統一できる、新しい歴史の論理なしには求めることができない、ということが次第に浮かび上がって来たからである。

ただしそれは、「あくまで自立的な」個人と「あくまで規定的な」社会との絶対的な間隙を「即」の一字で統一するような論理であってはならない。三木は、同じ時期に、西田哲学に対する疑問の言葉も記している。西田的弁証法は、「いわば円の如き」観想的な「和解の論理」であり、また「主観的即客観的、動即静というが如き「即」という字をもって現される考え方」には「過程的、時間的、歴史的見方」が欠けている、と。ある意味では的確な西田批判であり、その後の三木の思想的、実践的営為には、西田哲学に接近しつつしかも何とか西田の論理に飲み込まれまいという意識が働いている。だが、西田を超えるのは簡単なことではない。

ところで、右の問題は、次のようにも具体化される。即ち三木は、「個人の社会に対する自由と独立性とが認められ」ず、個人が全体に「隷属する」ようなファシズムの「全体主義」を批判するが、他方逆に、全体への配慮を無視する「近世以後の個人主義的な世界観」をも批判する。だが、両者は、西洋近代が生んだ両輪ともいえる。

こうして、新しいヒューマニズムを支える新しい論理の模索には、西洋的論理への対抗意識が重ねられ始める。個人主義と全体主義の根源的な対立は、西洋が生み出し西洋が解決できないでいる矛盾であり、この絶対的な矛盾を越える立場あるいは論理は、東洋の思想のうちにあるのではないか。

西田幾多郎（左）と三木

三五年から六年にかけて、新聞に三木による西田へのインタビュー記事が掲載されるが、そこで三木を相手に西田はいう。従来の西洋的ヒューマニズムは個人中心的であり、逆にファシズムやマルキシズムは全体主義である。いま求められているのは、それら西洋思想の行き詰まりを超える立場、すなわち個人主義でも全体主義でもなく、個と全体を共に包む新しいヒューマニズムである。だが、互いに矛盾する個と全体を統一することは、西洋思想にはできない。そこに、矛盾の統一の根底に無があるという日本文化の考え方の重要性がある。だが、日本文化には形がない。これからは、「絶対矛盾の統一」といったことに形を与え、その精神を世界に広げてゆくべきであり、その意味で、新しいヒューマニズムは、ポイエシス的な人間学の上に立たねばならない。そう西田はいう。

「ポイエシス」とは、「制作」という意味のギリシャ語であるが、三木にとっても、その語は晩年を彩る中心概念のひとつとなる。三木は既に『哲学的人間学』の草稿で、次のようにいっている。「凡ての人間的行為は形成作用の意味を有し、従って表現的である」。「人間の存在を行為の立場に於いて把《とら》えるというには行為がポイエシスの意味のものでなければならず、そしてそれは人間を創造の立場に於いて捉えることでなければならぬ」。だが、作る「主体」は、孤立した個人ではない。ポイエシスとは、私の行為を通して共同理念が形をとって現れることだともいえる。「行為は単にプラクシス（実践）ではなくポイエシス（制作）の意味をもっている。共同行為は内に留まるものでなく、外に出るものである」。

ロゴスとパトスの統一

三木が『哲学的人間学』を中断して、三七年の春から『構想力の論理』という連載をはじめるのは、そのような意味での、「ポイエシス」、「制作」の論理を明らかにしようとしたものである。三七年春から翌年春五月まで、「神話」、「制度」、「技術」の章が、岩波の雑誌「思想」に連載される。

ただし、時代は三木に、書斎の仕事に没頭することを許さない。三木はこの年、小林秀雄らの編集による「文学界」誌の同人になり、「人生論ノート」を同誌に連載開始する他、同人たちを交えた座談会等への出席も増える。また、後に『哲学入門』となる仕事も始めるが、しかしそれより大きく書斎から踏み出した行動は、時務への具体的参画であった。

人民戦線の時代、世界中の知識人が激動の時代に向き合うことを試されている。数年前から知識人の政治的関心の欠如への批判的発言をしてきた三木は、再び「この国のインテリゲンチャに最も欠けているのは実に政治的教養である」と書き、次章で見るように、翌三八年から実際政治に参画してゆく。『構想力の論理　第一』に収められる各論が書かれ、またそれらがまとめられて出版されたのは、三木が最も深く政治参画に踏み込んだ時期に当たっている。

さて、この著は、「書きながら考え」られた不十分な「研究ノート」であるが、それでも、これは、これまでの三木哲学の全道程の、最終的な帰着地として意識されている。

その「序」で、三木はいう。「合理的なもの、ロゴス的なものに心を寄せながらも、主観性、内面性、パトス的なものは私にとってつねに避け難い問題であった。パスカルが私を捉えたのも、或いはまたハイデッゲルが私に影響したのも、そのためである。私の元来の歴史哲学的関心から唯物史観の研究に熱中した時においてさえ、唯物史観の人間学的基礎を求めようとしたのも、やはり同じ心に出たものである」。

思えば三木は、パスカルに涙した。パスカルは、信仰を理性に従属させるデカルト的な立場を批判し、当代最高の数理科学者でありながら、理性を超えたパトス的回心に信仰への道を見ようとした。次いで三木は、「唯物史観の人間学的基礎を求めようとした」が、それも「やはり同じ心に出たものであ」って、三木は、マルクス主義理論の正しさを全面的に認めながらも、決定論的な唯物史観に反対し、無産者のパトスから階級意識が自然成長する先に革命を見通そうとした。

こうして、「客観的なものと主観的なもの、合理的なものと非合理的なもの、知的なものと感情的なものをいかにして結合し得るかという問題」が三木の課題として浮上する。その「ロゴスとパトスとの統一の問題」を、三木は『歴史哲学』で、歴史的現在に於ける、主体的契機と客観的因果系列の「弁証法的統一」として解こうとしたのであった。

しかしその後三木は、「ロゴスとパトスの弁証法的統一」といったことだけでは「余りに形式的に過ぎる」と思い至る。「多くの人の手によって弁証法が一種の形式主義、いわば新しい形式論理、便宜主義にさえ堕落させられてゆくのに対して」、三木は「反感をもたざるを得なかった」。

行為と制作の論理

そこで彼はいう。「ロゴス的なものとパトス的なものとは弁証法的に統一されるにしても、その統一は何処に見出されるのであるか」。改めて「この問題を追求して、私はカントが構想力に悟性と感性とを結合する機能を認めたことを想起しながら、構想力の論理に思い至ったのである」。「かくして私は私の年来の問題の解決に近づき得るかもしれないという予感に導かれながらこの研究ノートを書き始めた」。

主体的契機を含み込んだ歴史的現在の「弁証法」を、なお「形式的に過ぎる」とした時、三木が求めたのは、歴史的行為を、その「具体的な」相に於いて捉える論理である。こうして三木は、西田の「ポイエシス」に触れ、歴史的行為を「制作」として捉え直すことから、「構想力の論理に思い至ったのである」。それは、西田の論理に接近しつつ、西田に欠けている「過程的、時間的、歴史的見方」を追求しようとする試みでもあった。

カントの『判断力批判』に大きな影響を与えた「構想力の論理」という概念は、もともと美学者バウムガルテンに由来する。美的に想像し創造する力とそこに働く論理は、知識や思考を律する形式論理とは異なっていると同時に、具体的な世界へ向かって働く論理である。三木は、「行為するとは広い意味において物を作ることであ」るという点から、「構想力の論理」に着目し、それを「美の領域から解放して広く行為の世界へ導き入れると共に、それを歴史的想像の論理として明らかに」しようとする。

「すべての行為は広い意味においてものを作るという、即ち制作の意味を有している。構想力の論理はそのような制作の論理である。一切の作られるものは形を具《そな》えている。行為するとはものに働き掛け、ものの形を変じて新しい形を作ることである。形は作られたものとして歴史的なものであり、歴史的に変じてゆくものである」。

もちろん、「制作」といい「作る」といっても、物質的な生産をいうのではない。問題は歴史を作ることであり、「作ることが同時に成ることの意味を有するのでなければ歴史は考えられない。制作が同時に生成の意味を有するところに歴史は考えられるのである」。『哲学的人間学』でも三木は書いていた。「行為は私の為すものであると共に私にとって成るものである。言い換えれば、行為は自由であると共に運命である」。人が何か行為することで歴史が紡ぎだされてゆく、そこに自ずから形作られてゆく形がある。こうして「序」で三木はいう。「私の考える構想力の論理が実は「形の論理」であるということが漸次明らかになってきた」。「構想力の論理といういわば主観的な表現は、形の論理といういわば客観的な表現を見出すことによって、私の思想は今一応の安定に達したのである」。

ただし、『構想力の論理　第二』の本文は、右の「安定に達した」地点から展開された体系的著述ではない。ヘーゲルを受け継いでマルクスは、具体的な事象から一般的な規定を求め、そこから再びもとの事象を構成的に把握し直すという往復的な方法をとったが、ここでの三木の思索も、マルクスが「下向」と呼んだ前半の過程に当たるものと自覚されている。その上、三木は自らいうように、「考えてから書くと云うよりも書きながら考えてゆくという習慣」をもっている。

呪縛《じゅばく》の建物

実際、最初の三章は『第一』として出版されたが、続く「経験」の章は、長い中断を挟んで断続的に一二回を費やしてもまとまりを見せない。「経験は単なる意識の現象でなく、世界における出来事である。それは我々と環境との間における行為的交渉のうちに成立する」。「経験が主観的・客観的なものであるということは本来何を意味するのであろうか」。「これと構想力との関係は如何なるものであろうか」。そうした問題意識でカントを読みなおすことからとりかかった作業であったが、「甚だ不完全」なまま中断してしまう。次の章として予告されたのは「言語」であって、三木のこれまでの所論からも、またスターリンの言語論との関係などからも残念なことながら、まとまった三木の言語論は形をとらないままとなる。こうして『構想力の論理　第二』は、予備過程のノートであり、かつ途中放棄されたという、二重の意味で未完成未整理の「研究ノート」となっている。

ともあれ、三木のノートを見てゆこう。歴史においては、神話、風俗、習慣、制度、などなどといった「形」が絶えず作られてゆく。「構想力の論理はかような歴史的な形の論理として考えられるのである」。

先ず三木は、神話を取り上げて、「神話」の中に、形式論理とは異なる「形を作る」論理を探ろうとする。いつものことながら三木はここでも、マリノウスキー、レヴィ＝ブリュール、デュルケームらはもちろん、三七年に出たばかりの若いサルトルの想像力についての著作など、多くの文献を読みながら書いている。もちろんしかし、三木の主題は未開社会の集団心理ではないし、神話は未開社会だけのものではない。「社会の制度そのものがすでに何等か神話的意味を含むということができる。我々にとって問題であるのは現在も存在しまた創造されるような神話である」。

現在の神話が問題となるのは、神話が「実践的な意味を有する」からである。神話に基づいて、ある行為が禁じられたりするように、「神話は単に観念であるのでなく、むしろ一つの制度の意味を有している」。ひろく、社会集団を存立させる道徳、習俗、法律、政治、言語、芸術といったものを、三木は「制度」という語に包括する。例えば様々な慣習つまり「ならわし」は、「しきたり」になり「きまり」となり、「法的なものとして強制的に或いは権威的に個人に対する」ようにもなる。

制度は作られるものであり、そこに技術が働く。技術という語は、近代においては専ら生産技術とのみ解されるが、「拡張された意味における生産をポイエシス（制作）と名付けるならば、すべてのポイエシスは技術的である」といえる。といっても、例えば木の客観的性質を無視して木の机は造れない。「人間は技術によって自然を支配する」が、「我々は自然と協同することなしには自然をも支配することができぬ」。「技術は物の客観的な因果関係と人間の主観的な目的とを綜合《そうごう》する」。このようにして、制作の論理である構想力の論理は、「パトス的にして同時にロゴス的である、身体的であると同時に精神的である」。それは、「主体的なものと客観的なものとの綜合」である。

そこで、技術によって作られる全ての制度は、神話、慣習という出自をもつ限りに於いて、主体が加わって作られた「擬制、フィクション」である、と三木はいう。例えば、いろいろな挨拶《あいさつ》の形が、それぞれの社会で決まっているが、ある社会の挨拶の形を作り出すのは、合理的知性ではなく構想力である。その意味で、「挨拶は一つの擬制であり、一つの制度である」。

こうして、「何等の擬制的性質をも有しないような制度は存しない」。「あらゆる制度は先ず擬制的性質を具えている」。フィクションとして制度を作成してゆくものは合理的理性ではなく、「構想力」である。「制度の知性の根底には構想力がある」。

そこで三木はいう。「人間社会に固有な特徴は、この社会が慣習乃至《ないし》擬制なしには存立し得ないということである」。その意味で、いわば「社会は魔術によって支えられ」ている。「社会は「呪縛の建物」である」。商品社会における「魔術」については、既にみた。

こうして三木は書く。「制度はフィクショナルなものである。しかもフィクショナルなものがリアルであるというのが歴史の世界である」。「それぞれの時代にそれぞれの神話がある。自由、平等は一八世紀の神話であった。現代には現代の神話があり、いわゆる「二〇世紀の神話」がある」、と。もちろんここで三木は、「二〇世紀の神話」ナチズムと共に、天皇制のことを考えていた筈である。

抵抗する「勇者」

当時大学生だった作家の中村真一郎は書いている。「昭和十年代は、日本の言論界は、殆《ほとん》ど日に日に、偏狭な愛国主義に向かって狭《せば》まってゆく感じだった」。「怖《おそ》ろしい閉鎖社会が、日本の上に作り出されてゆくのを、肌で感じて苦しんでいた」「そうした時、三木清の『構想力の論理』は、日本の哲学者が健在であると云う証拠を見せるために、登場して来たように、私たちに受けとられたのである」。「それは私たち青年には、大きな励《はげ》ましとなった」。「毎日、いやでも目にし耳にする」「野獣のような怒声のなかで、ひとりの勇者があくまで理性の言葉で語りながら、両足を踏ん張って抵抗している」。

既に触れたように三三年には京大滝川事件、三五年には天皇機関説事件が起こっている。時代に敏感な青年たちは、非合理な「国体明徴」を叫ぶ蓑田胸喜らの「野獣のような怒声」を「毎日、いやでも目にし耳に」している。三木は、文部省が「国体の本義」を刊行したまさに三七年のいま、『構想力の論理』に所収されることになるこれら論文を次々と発表し、そこで、私たちを呪縛し、私たちを法的に支配する全ての制度的なものは、実はフィクションであり、フィクションでしかない、と宣言したのである。ちなみに三木もまた蓑田から怒声を浴びせられる。

一方、前章で触れたように、三二年に、コミンテルンから三二テーゼと略称される「日本におる情勢と日本共産党の任務に関するテーゼ」が指令されると、党はまた全面的にそれに従うが、そのテーゼは、非合理な国体神話で飾られた天皇制を、地主と独占資本を両輪とする絶対主義だと暴露する。また戸坂ら唯物論研究会に拠る唯物論者たちも、日本ファシズム・イデオロギーの非合理性を批判し、唯物論的合理主義を大衆に啓蒙するところに、合法レベルでの抵抗の道筋を据える。だが、非合理を非合理と暴露するスローガンだけでは、実効的な大衆運動は起こせない。科学的合理主義理論の対置だけでは、大衆の依拠するフィクションは崩せない。

あらゆる制度は、従って天皇制もまた、非合理な神話でありフィクションに過ぎない。だが、と三木はいう。「歴史の世界においてはリアルなものがフィクショナルなものであり、フィクショナルなものがリアルである」。「社会はフィクションの建物である」。「物でなくフィクションが一層重要であるような世界のうちに我々は棲《す》んでいる」。

既に三木は、宗教批判に際して、公式マルクス主義のように、その教義は非合理性ゆえに無用なものと考えなかった。既に『社会科学概論』でもミュトス（神話）の社会的機能を取り上げている。三木は、ここでも呪術的で神話的な擬制の呪縛を、非合理なフィクションだと単純に暴露し批判するのではなく、呪縛や擬制の「論理」を問題にしようとする。三木は、ある意味では戸坂のような人々から批判されるその分だけむしろ、人々を呪縛する共同幻想という、時代の闇に迫ることのできる眼をもっていたといえよう。

久野収は書いている。「ファシズムの非合理主義をただ非合理主義として外側から排撃する合理主義だけでは、ファシズムの勝利の秘密を哲学的にあきらかにすることはできない」、そういった態度で「ファシズムの神話信仰を一時的にも勝利せしめた側面を見のがすのは、一種の自己欺瞞《ぎまん》である」と三木は考えたのだろう、と。

三木は、不安に駆られる人々を破滅の淵に浚《さら》って行こうとしている闇のパトスの襞《ひだ》に分け入り、そこから何とかロゴスの世界へと戻る道を探ろうとする。その姿は、先にも触れたフランクフルト学派らを含め、ファシズムとスターリニズムの間で生き抜こうとする、当代西欧の思想家たちの姿にも共振しているともいえよう。だがもちろん、亡命者ならぬ身には、この視点からの具体的な天皇制批判は、到底書けない時代である。天皇制から身を離せない西田とは違って、若い頃から天皇制絶対主義の弊害を指摘していた三木も、ここでは間接的な浅い指摘だけで終わっている。けれども、少なくとも、「フィクショナルなものがリアルである」世界に「我々は棲んでいる」という三木の着想点には、時代を抜きんでる可能性があったといえよう。

作る立場

だが、それは、三木が西田とは違って、そのようなフィクションをうち破るはっきりした道筋を見出し主張した、という意味では、残念ながらない、ということも書いて置かねばならない。

三木は、『第二』を書くことで、構想力の論理が、「実は「形の論理」であるということが漸次明らかになってきた」、という。そして、後にみるように自ら事実上の「西田哲学入門」だと認める

『哲学入門』をはさんで、三九年の「序」で書く。私は、「現在到達した点において西田哲学へ、私の理解する限りにおいては、接近してきたのを見る。私の研究において西田哲学が絶えず無意識的に或いは意識的に私を導いてきたのである」。そして、西田の「ポイエシス」に導かれて「形の論理」へと進むことで、「私の思想は今一応の安定に達したのである」。

もちろん、ここでいう「安定」は、「思想の安定」である。けれどもそれは、「安定の思想」への傾きをもみせている。

かつての三木にとっての課題は、革命的な歴史変革への道筋を見通すという緊急課題であった。その後、三木の関心は、歴史を「変える」論理から、より一般的で根源的な、歴史を「成り立たしめる」論理へと移って来た。それはまた、制度に抑圧されつつ制度変革の道を模索する無産者の立場から、制度を見通し制度を作る「時務」の立場への、いうならば為政者官僚の立場への移行ともいえる。「構想力の論理は歴史的な形の論理であり、且つこれを作る立場における論理である」。もちろん、ここでいう「作る」ことは「作り変える」ことを含んでいるし、実際三木は、「もとより一定の制度は適応の限界を有している。批判的精神は増大し、やがてその制度を破壊するが、ひとは直ちに不幸を感じ、再び新しい制度を作るに至るのである」、というマルクス主義論時代と同様な歴史転換の指摘もしている。けれども、そのような制度の「破壊」や「作り変え」そのものはテーマとはならず、単なるパラグラフの中だけで終わっている。

逆に、三木はいう。「制度は単に外的なものでなく、社会が自己自身に与える内的秩序である」。

「個人は単に社会に対して客体であるのでなく、また逆に個人は社会をも客体となし得る主体である」。「無数の独立な個人と民族というが如き一般的なものとの結合は知的にして同時に感情的な構想力の論理に基づいて考えられねばならぬであろう」。

こうして、三木は書く。制度は「伝統的なもの」であり、「社会的な慣習である」。慣習は模倣によって成り立つが、「模倣の条件は、共感即ちパトスを共にすることである。かかる共感が可能であるためには個人の根底に、或るパトス的にして一般的なものが存在しなければならぬ。民族というが如きものはかかるものである」。制度の命令は、同時に「内から」も来るのであって、「内への超越において我々はまさに主体となるのであり、それと共に客体はまさにその客観性即ち超越性において我々に対するのである」。こうして、「真の超越は超越であると共に内在である。制度は超越的であるが、単に超越的であるのではなく、同時に内在的である。かかるものにして真に命令的な拘束力を有する」。

以上の言葉は、「それ故、フィクションでしかない内在的な制度と闘え」、と読まれるときには、変革の言葉となるだろう。実際、そのような沈黙の言葉を読みとることのできる反時代的な知性にとっては、それは、「抵抗する勇者」の言葉として読まれもしたのであったろう。だが、沈黙の言葉抜きには、それは、制度がフィクションでありながら動かし難い内在的リアリティをもっていることを、説明する言葉として読まれるだろう。少なくともその危険性がある。

非合理なフィクションをリアルたらしめる論理、大衆の内なる民族意識、内なる天皇制をも繰り込んだ歴史の論理を、三木は問題にしようとしている。だが、ここでの三木の議題の中心は、内なる民族意識、内なる天皇制によってリアルとされたフィクションを「破壊」し「作り変える」ことではない。もちろん、民族意識の問題は、一方で、三木だけでなく、マルクス主義陣営に突きつけられながら、遂に十分受け止めることができなかった問題であるし、また他方、もはやそのような議論は、ほのめかすことさえ許されない時代となっているのであるが。

「人間は社会から作られたものでありながら独立なものとして逆に社会を作るのである」。かつて三木は、資本主義という制度によって搾取され抑圧され、更に「プロレタリアートの党」を自称する人々からさえ、自力では搾取や抑圧の仕組みを見抜くことも変えることもできないと蔑視される、無産者大衆の地平から歴史を見ようとしていた。いま三木は、歴史を作る時務の立場から歴史を俯《ふ》瞰《かん》している。

ある評者は『構想力の論理　第一』を、「政治哲学」の試みだといっているが、いわばロゴスによるパトスの制御技術である政治の重要性を確かめようとするかのように、三木はこの時期、実際政治に関わってゆく。彼にとってそれはまた、ポイエシスをいいながら思索の人であった西田を超えようとすることでもあったのだろうか。

だが、三木は危うい地点に立っている。

「協同主義」と「東亜新秩序」

昭和研究会

アジアの東端に連なる小国日本からみれば大海のような中国は、いま、抗日でまとまっている。軍事力を背景にした外交圧力は当然成功せず、大陸を生命線だとする無責任な論調に煽《あお》られ、独走する関東軍に引きずられて、「大日本帝国」は、「野獣のような怒声」とともに暴走している。緊急に必要なのは、この暴走を止めることである。だが、どうすればよいのか。獄中でなお全面対決の姿勢だけは崩さない少数の共産主義者もいる。時代に背を向けて市井に沈黙したままの文人もいる。だが、批判どころか疑問を口にするだけで投獄される時代にあって、敢《あ》えて暴走列車の機関室の片隅に潜《もぐ》り込み、何とかブレーキをかける道を探ろうと試みる人々もいる。そのために不可欠なのは列車を制御する技術であり、方向転換させた列車を向かわせる目的地の地図であると彼らは考える。

再び三六年に戻る。この年「昭和研究会」が設立される。近衛《このえ》文麿《ふみまろ》という青年政治家のブレーンを目指す政策集団である。天皇の縁戚者である公家で、清新なイメージをもつ近衛が政権に就けば、国内外の暗い状況を切り開いてくれるだろうという期待が、様々な方面から寄せられる。ただ各方面から託される革新への期待は、明確な焦点を結んではいない。昭和研究会は、来るべき近衛政権に備えて、新しい政治理念と国家経営を刷新する政策を研究しようと設立されたものである。そこに暴走列車にブレーキをかける道を探ろうとする左翼的な知識人も参加する。

だが、翌年六月、現実に近衛内閣が成立した直後、七月はじめに軍部が起こした蘆溝橋《ろこうきょう》事件をきっかけに、日本軍は本格的に大陸での戦争に突入する。国民党と共産党の合作による全中国挙げての抗日戦線の激しい抵抗によって、短期決着という日本の思惑は外《はず》れ、戦線が拡大してゆく。

その秋、三木の書いた「日本の現実」という一文が昭和研究会の眼にとまる。「今度の支那《しな》事変は日本に新しい課題を負わせた」。「支那」という当時の用語をそのまま引用するが、中国のことである。「今度の事変にしても、一つの重要な点は思想の問題である。日本の対支行動の目的は爾後《じご》における日支親善であり、東洋の平和であると云われる」。だが問題は「如何なる内容の思想を基礎にして東洋の平和を確立しようとするのであるか、ということである」。「世界的妥当性を有する思想が建設され、そしてその中において日本を生かす」ことが大事である。「我々の信念を率直に述べるならば、日本を救い得る思想は支那をも救い得る。否、世界を救い得る思想でなければならない」。

だが、現実の歴史は泥沼化してゆくばかりである。三七年の暮、南京入城後の大虐殺をはじめとして、日本軍の暴虐は中国人民の抗日姿勢を益々強めつつある。日本国内では「勝った勝った」の報道ばかりであるが、心ある人々は、侵略戦争の長期化に心を痛めている。だが「天皇の軍隊」の意向に背いて停戦撤退を主張することはできない。昭和研究会もまた、現実にコミットし続けようとする限り、中国での軍事行動を既成事実として受け入れた上で、それをどう転換させるかという課題を立てるより他ない。

三木は、自らにいい聞かすように繰り返し、時代を生きる「知識階級」の責務について書く。三木の基本姿勢を示すものなので、三八年「中央公論」誌に書いた「知識階級に与う」という文から、少し長く引用しよう。

「今や日本のインテリゲンチャにとって思想はただ現在の日本に課せられている現実の問題の解決を通じてのみ可能となるに至った。我々がどれほど独創的であり得るかが、日本の運命と共に試練される時が来たのである」。「現在日本が直面している現実の重大性について認識をもつことが必要である。その重大性は量り難く深刻である。現実の重大性が何人にとっても決して無関係なものでないということは次第に明瞭になって来るであろう。我々が如何に超然としていようとも、如何に傍観的であろうとしても、いずれは皆一つの運命の中に巻き込まれねばならぬ事情にある。もし最後まで傍観者であることが可能であるとしたならば、現在傍観的であることも好いであろう。しかしいずれは逃れ難い運命であるとしたならば、これに対して積極的に起ち上がり、現実の問題の解決に能動的に参与することがインテリゲンチャにふさわしいことであると云わねばならぬであろう。ただ運命のままに委《ゆだ》ねるというのは知性のことではない」。

「現代日本が大陸において行いつつある行動がどのような事情から生じたかについては種々の批判があり得るであろう。しかし、時間は不可逆的であり、歴史は生じなかったようにすることはできぬ。そしてもし出来事が最後まで傍観していることのできるような程度のものであるならば傍観していることも好いであろうが、もしそれがあらゆる傍観者を否応なしに一緒に引摺《ひきず》ってゆくような重大な帰結を有すべき性質のものである場合、過去の批判にのみ過ごすことは我々には許されない。それがどのようにして起こったにせよ、現に起こっている出来事のうちに我々は「歴史の理性」を探ることに努めなければならぬ」。

抵抗と参画

しかしそれでも、この状況下では、意図はもちろん批判と抵抗のためだったとしても、参画は協力であることを免れない。例えば翌三九年に同じ雑誌に書いたよく似た題の「青年知識層に与う」では、「今日国民の愛国心の昂揚が必要である」と認めつつ「民族的エゴイズム」や「偏狭なショーヴィニズムこそ却って民族の使命の思想と一致し難い」というい方しかできなくなっている。戦争という既成事実を受け入れなければ、抵抗どころか存在さえ許されないし、既成事実を受け入れていると認められるためには、それに協力する姿勢を示さねばならない。抵抗と協力。両端のように見えるこの二つが分かち難く結びついている狭間《はざま》にしか、現実的な行動域はなかった。こうして、政治に参画しうる可能性を探ることで、人は自らを幾分かずつ裏切ってゆかざるをえない。

三八年、三木は昭和研究会から乞《こ》われて話をする。彼は日中戦争解決のポイントとして、「資本主義の弊害の解決」と「東洋の統一と調和」を挙げ、事変が「日本の侵略戦争になることを、極力防がねばならない」、と語ったという。こうして、「日本の政治に知性がなく、思想がなく、更に公共性がないとすれば、それは我が国の政治に知識階級の力が十分に参加していないということの一つの現れ」だ、と書いていた三木は、誘いに応じて昭和研究会に入会し、文化部の中心メンバーとなる。

もちろん、三木だけでなく、昭和研究会に参加した知識人たちは、政治を改革し戦争を止めるために、近衛に協力し、あるいは彼を利用しているつもりである。近衛自身もまた、無力で腐敗した既成政党に代わって国内改革を進め、国民を新たな組織に統合して、それを支えに政府の手で暴走する軍部を抑え、中国での戦争を止めようという意図をもっている。

だが、その「革新」イメージ故にこそ、彼の周りには、軍部の独走を抑えようとする者だけでなく逆に軍事体制の更なる強化を望む者まで、様々な諸勢力が集まり、様々な期待や思惑を寄せ、また近衛自身の立場も姿勢もしっかりしない。そして実際、近衛は戦争を止められないどころか、逆に、内外の状況に押され、自らも失策を重ねて、不本意なまま戦線拡大に流されてゆく。

こうして、三八年の国家総動員法を経て、無産政党をも含めた国を挙げての総結集体制が完成し、あらゆる社会層が戦争協力に傾斜してゆくことになる。近衛の「革新」は、戦争を支えるファシズム的な国内体制への地均《なら》しを結果したのである。

昭和研究会あるいは三木は、結果的に近衛を見誤ったのでありファシズムを見くびったのだというべきだろうか。否定するのは難しい。とはいえ、そのような後からのいい方は、ではどうすべきであったのか、という重い問いかけを免れない。

戦争は軍や国家主義者が推進し、庶民は反対しつつそこへと強制された被害者であったというだけではない。人々は、ある場面では、政府はもとより軍官僚よりも大きく、戦勝に歓呼の声を上げた。貧しく苦しいが故にこそ、戦争と戦争体制には現状打破と新社会到来を望む心情に響くものがあったのだろう。三八年の国家総動員法には、無産政党も賛成する。

「国家総動員」は、ある意味、世界の合い言葉となっている。世界恐慌後の未曾有《みぞう》の危機の時代、経済的破綻《はたん》とそれが生み出す社会的政治的な混乱のうちにある先進諸国は、例外なく国家経営の根本的な建て直しを迫られている。各国ともに、巨額の富を重ねて庶民を貧苦に放置し社会を混乱にまかせる独占資本家や利権政治家を抱え、危機を前にした社会混乱と政治対立がある。強力な国家権力の統制で、経済を建て直し、対立を押さえて社会に再び統合をもたらす革新運動を、人々は熱気と共に支持してゆく。

三三年にアメリカ大統領に就任したルーズヴェルトは、社会主義的な計画経済にも通じる大胆なニュー・ディール政策を行政技術官僚の手で押し進めつつあり、そこにはアメリカ共産党も参画してゆく。一方、同じ年に政権に就いたヒトラーもまた、強力な政治統制によって破綻した国家体制を建て直し、国の威信を回復しようとするが、その党もまた「社会主義」、「労働者党」と名乗っている。

たとえ失業率の驚異的な改善など社会改革の成果もあったとしても、ドイツの危機を救おうと、人権を無視したナチス体制に参画することは、明らかに歴史的非難を受ける。一方、ニューディールに参画した時務官僚や共産党員は評価もされようが、見方を変えれば、後者もまた、深刻な失業と貧困から労働者を救出しえたと同時に、アメリカ資本主義の危機を救ってそれを延命させ、さらには最も効果的に巨額な国家需要をもたらす戦争を呼び寄せたという見方もある。このような歴史の経緯は、ソ連の社会主義と収容所国家体制との間にもいえるだろう。この時代、社会改革技術は二重性のうちにある。昭和研究会だけでなく、大政翼賛会もアカ、つまり共産主義者的だという攻撃を受け、それどころか、北一輝の国家社会主義の影響を受けた下士官による二・二六事件を軍部の赤化事件と見なす者さえいる。左右の「国家改造」が入り乱れ、傍観せずに参画すれば、抵抗が加担となり加担が抵抗となる他ない、そういう時代なのであった。

「事変の世界史的意義」

さて、泥沼化しようとする中国での戦争状態からの脱出を狙って、近衛は、国民党の分裂を画策しつつ、三八年の秋に「東亜新秩序声明」を出す。「東亜永遠の安定を確保すべき新秩序の建設」という言葉で、日本が建てた傀儡《かいらい》国家「満州」を含めて、大陸の現勢力圏を安定させるのだという、戦争目的の正当化であった。

それを受けて、翌年早々に昭和研究会が出したのが、『新日本の思想原理』というパンフレットである。文化部会での討議を、委員長であった三木がまとめ、「東亜新秩序」の建設に「協同主義」という理論的根拠を与えようとしたのである。そして更にその秋、研究会は「協同主義の哲学的基

1939年ごろの三木

礎」という副題をもつその続編を出す。

もちろん、このパンフは、あくまで政府の立場を踏まえ、研究会の意見を集約して出されたものであって、そのまま三木の考えではない。しかし、少なくともこの時期の三木の意見がそこに色濃く反映している。また彼が少なからぬ役割を果たした昭和研究会の主流意見がどういうものであったかは、ここから分かる。

パンフと同じ月から連載を始めた「哲学ノート」の第一回「世界史の哲学」で三木は書く。「最近わが国においては支那事変の世界史的意義というものについて頻《しき》りに論ぜられている。しかしながらその根底に世界史の哲学はない」。「支那事変の世界史的意義が開明せらるべきであるならば、世界史の過程についての歴史哲学的構想がなければならない。それは哲学者の構想力の問題である。時代に対する情熱の中から生まれる構想力、時代に対する認識と結びついた構想力、すべての予言者のうちに生きている構想力、そのような構想力が今日の哲学者に必要である」。「哲学者」といっているが、哲学者をはじめとする知識人のことであろう。時代を変えてゆくオピニオン・リーダーという意味での、いわゆる「大知識人」の立場は、三木の一貫した姿勢である。それが限界であるといえばいえるが、三木はその立場で、昭和研究会を通して「世界史」に発言してゆく。

そして、パンフ『新日本の思想原理』は、「支那事変の世界史的意義」を次のように根拠付けようとする。「これまで「世界史」といわれたものは、実はヨーロッパ文化の歴史に過ぎなかった」。いま、西洋中心の世界秩序に代わる新たな世界秩序が求められている。「東亜協同体はかような世界の新秩序の指標となるべきものである」。そこに「東亜の統一」を目指す「支那事変」の世界史的な意味がある。三木は、「日本の問題を解決し得る思想は支那の問題を解決し得る思想であり、やがて世界の問題を解決し得る思想である」、という趣旨のことばを、この頃何度か書いている。

「西洋の栄光は東洋の屈辱である」といったのは美術思想家の岡倉天心《おかくらてんしん》である。確かに日本が近代化の緒についた時、既に西洋帝国主義列強は、インドを奪い、東南アジア諸国を次々と手に入れ、更に弱体化していた中国に対しても卑劣なアヘン戦争以来次々と、それぞれ利権をほしいままにしていた。

では日本はどうすべきか。近代以降の政治主流は、西洋化をおそれず近代化を進めて国家自立を急ぎ、遅れたアジアから脱して西洋諸国に対抗できる列強の一員になろうとする立場であって、そのような「脱亜入欧」の思想と行動は、列強と同等な近代国家形成を最優先の国家課題とすることで、列強に伍してアジア侵略を行うことを正当化することになる。他方、そのような「入欧」に反対して国粋を守ろうとする思想は、西洋近代を拒否する限りで資本主義をも批判の対象としつつも、近代化に対抗する共同社会を描いて農本主義的な天皇制共同思想に退行することが少なくない。

一方、「アジアはひとつ」というスローガンの下、アジアの連帯によって西洋列強の侵略に抵抗し、彼らの手からアジアを解放しようと、「興亜《こうあ》」の志を掲げるのが「大アジア主義」である。ある意味では、列強のほしいままな侵略を受けてきたアジアにおける、共通思想である。だが、大アジア主義が掲げる、西洋列強に立ち向かうアジアの「連帯」には、陥穽《かんせい》がある。それは、弱小アジア諸国が連帯して列強に対抗するためには、アジアで唯一の強国日本が、連帯の要《かなめ》、連帯の盟主としての役割を果たすべきだ、という思想と、それに基づく行動である。こうして、日本近代史においては、大アジア思想は、アジアの解放を名目として掲げながらアジアを侵略する日本の軍事行動を、思想的に正当化する役割を果たしてゆく。

東亜の統一　仮に、右のような図式化が許されるとするなら、では、「東亜共同体」の思想は、どうだったのだろうか。

アジア中国問題に対する姿勢の分かれ道をあえて単純にすれば、アジアの「人々」との「連帯」を目指す思想的発言なのか、あるいはアジア諸国への日本「国家」の「指導」的立場を求める政策的発言か、という点にあろう。その目で、パンフを見てみよう。

ただし、中国への軍事行動という歴史の「既成事実」がある。先に引いた三木の文とほぼ同じ論調で、パンフはいう。「我々の日本は重大な帰結を有する行動に向かってすでに踏み出している。これはもはや過去に返すことのできない現実である。支那事変が如何に起こったかということについては種々の議論があり得るであろう。インテリゲンチャはそれについて種々の批判をもっているであろう。しかし我々の批判が単にその点にのみ向けられて、そこから進み出ることをしないということは許されない」。「すでに起こっている事件のうちに何等かの歴史の理性を発見することに努めること、そしてもしそのうちにかようなものが発見されない場合においては、それに対して新たに意味を賦与することに努めることが大切である」。

もちろん、このようなパンフでは、中国での軍事侵略行動そのものに反対してストレートに撤兵を主張することはできない。こうして、発言は錯綜《さくそう》してゆく以外ない。即ち、戦争が掲げる「建前」を梃子《てこ》に、戦争目的を何とか侵略から方向転換しようというのが、パンフの、三木の戦略である。「東亜の統一」とは、とパンフはいう、「日本が欧米諸国に代わってみづから帝国主義的侵略を行うというのであってはならぬ」。いい換えれば、帝国主義ひいては「資本主義の問題を解決することなしには真の東亜の統一は実現されない」。「資本主義の諸矛盾を如何にして克服するかということは、今日の段階における世界史の最大の課題である」。「この課題の解決に対する構想なしには東洋の統一ということも真に世界史的な意味を実現することができない」。

だが、パンフが「事変」の解決のために要求されるという「資本主義経済の営利主義を超えた新しい制度」については、もちろん「社会主義」とは書かれていない。特にこのような文書でその文字は絶対使えない。求められているのは「近代の個人主義、自由主義、資本主義」を越える「新しい思想原理」である、と書かれるだけである。

パンフはそれを説明する。行き詰まった西洋近代社会を支える思想は、個人主義であり利己主義であり自由主義である。「自由主義は近代資本主義社会の原理」であって、西洋近代社会は、利己的な利益のために構成されるゲゼルシャフトに過ぎない。かくて、西洋近代を乗り越えるべき「東亜協同体の文化」は、「却ってゲマインシャフト的とゲゼルシャフト的との綜合として高次の文化でなければならぬ」。パンフによれば、そのような「共同社会」と「利益社会」の総合である「高次の文化」を支える思想こそが「協同主義」に他ならない。

パンフは宣言する。「新日本の思想原理は協同主義である」。「新秩序建設の根拠たり得べき全く新しい哲学、世界観の確立こそ、我々日本人の責務である。それはまさに協同主義の原理に立つものでなければならぬ」。

協同主義

だがそう宣言するにしては、協同主義とは何かという説明は、余りにも大雑把《おおざっぱ》なものに留まっている。おそらく、イメージとしては、何度も言及してきた、「ひとりはみんなのために、みんなはひとりのために」ということなのだろう。共産主義もまたそのイメージを共有していた。

パンフはいう。もとより「階級の問題が今日解決さるべき最も緊要な問題であることは明白である」。だが、「階級の問題は階級闘争に依ることなく、却って協同主義の立場に於いて新しい解決の仕方を見出すべきものである」。パンフが共産主義について触れている箇所には、かつて三木がコミンテルン公式マルクス主義に対して試みた批判点も含まれ、また当時のスターリン国家の現実に照らしたとき間違った指摘とはいえないことも少なくない。けれどもそれに代わって提示されるのは、「階級的利害を超えた」国家が「何よりも道徳的全体の立場に立ってその権力によって階級の問題を解決して国民的協同を実現すべきものである」というのだから、少なくとも書かれた文面上は、国家主導の階級協調主義に過ぎない。もちろん、そうしか書けなかった、というべきではあろうけれども。

若い頃から三木が一貫して自らに課し続けて来たのは、自由な個人と社会とを統一するという課題であった。求められるのは、「ひとりはみんなのために、みんなはひとりのために」という個人と社会のあるべき関係性の夢である。いま、「独立にして自主的なものの協同」だと提唱される「協同主義」もまた、いうならばその夢の表現であるとはいえよう。ただそれはなお、言葉だけのものに過ぎない。パンフは繰り返しいう。「人間は個人的であると同時に社会的である。協同主義に於いては社会は個人にとって内在的であると同時に超越的であると考えられる。社会を離れては個人の自由は抽象的なものに過ぎず、また個人の自由を認めない社会は真に自由な社会とは云い得ないのである」。

こうしてまたしても、言葉の上で、重層的な社会関係抜きに個人と社会を一挙に統一しようという立論が、西田的な論理に着地する。「協同主義は一方個人主義に反対して全体の超越性を認めると共に、他方全体主義に反対して個人の独自性を重んずることによって全体を個人に内在的なものと考える。即ち協同主義の論理は内在即超越、超越即内在の立場に立つ」のであって、それは、「東洋的な絶対無の弁証法によって初めて基礎附けられ得ることである」。「協同主義の中心は形の思想」

であり、その論理は、「矛盾であると共に調和であり、対立であると共に綜合である」ような「真の弁証法」である。

中国問題

もちろん、問題は言葉ではない。最大の問題は、歴史的現実である中国での戦争にある。昭和研究会は、少なくとも三木は、「協同」を強調することで、中国での戦争を止めようとし、あるいはその意味を侵略から協調へと変えようと意図している。パンフはいう。「支那事変の世界史的意義」もまた、「協同主義」による「東亜の統一を実現することによって世界の統一を可能ならしめる」ことにある。

だが、例えば三木とドイツ留学を共にした九鬼周造も、「我々は、しかし、今度の事変では是非とも支那に勝たなければならぬ」、と書く時代である。批判を許さない「皇軍」と「支那をやっつけろ」と旗を振る民衆を前にして、しかも政府の方針に即したパンフに書けることは限られている。こうしてパンフは、厳しい国際情勢の下、「東亜協同体の建設は支那にとっても新たに活《い》きる道」であり、中国は、日本主導の東亜「新体制に入るためにまた単なる民族主義を超えることを要求されている」、という。もちろんそれは、中国に対する抗日中止の「要求」という形で、日本の軍事行動の中止を実現しようとするものであったのだろうけれども。

こうしてまた思想としての協同主義も、それに応じて、中国共産党と国民党を支えるマルクス主義と三民主義、つまり抗日を闘う思想を超える思想として説明される。

折から近衛は、国を救い和平をもたらすためには日本との妥協もやむなしと考える国民党の政治家を利用して新政権を作らせ事態を打開しようとしているが、その政治家汪兆銘《おうちょうめい》に対して三木が書いた公開書簡に、その態度が、より正直に現れている。「東亜新秩序の建設」には世界史的意味があり、「中国はその独立自由を求めることに急であって東亜協同体の建設という共同の目的を忘れてはなら」ない。むしろ「東亜協同体の建設こそ中国の独立自由を確保する道である」のであって、「中国の民族主義が自己を誤解して排日主義になることは許されない」。

中国における日本軍の行動は、西洋列強の侵略に対抗しつつ「東亜の先進国として新東亜の建設を指導せんと欲する」故であって、その行動は「侵略主義でなく、却《かえ》って侵略主義を抑えんがため」のものである。もちろん三木は、そのことばを、軍部に言い聞かせているつもりである。だがそれでも、牽制《けんせい》のつもりの正当化だったといわれても仕方がなかろう。

ちなみに三木は、三八年暮の「東亜思想の根拠」という論文では、次のように書いている。「東亜協同体というが如き民族を超えた全体を考えるにしても、その中において各々の民族或いは国家がそれぞれの個性、独立性、自主性を有するのでなければならぬ」。「また逆に支那における民族主義に一定の制限が置かれねばならぬとすれば、日本における民族主義にも同様の制限が認められねばならぬ筈である」。また、四〇年には、こう書く。「かの地における日本人の行動に遺憾な点が少なくない」。「これでは日支親善は望まれない」。「今日我が国では日本民族の特殊性ということが頻りにいわれている」が、しかし「もし民族主義が自己のみを絶対化して他の民族主義を認めないというのであれば、それは帝国主義に等しいであろう」。だが、パンフあるいは公開書簡では、その性質上もあって、このような民族の独立性、自主性また対等な日中関係実現のためにこそ、中国が抗日を中止して日本主導の新秩序に入ることが提言される。

日本の指導

先にも述べた通り、問題は、民族の「協同」が謳《うた》われながら、日本の「指導」が強調されることにある。マルクス主義論時代には、〈民衆〉の主体的パトスを強調していた三木ではあるが、パンフでは中国民衆の主体性ではなく日本〈国家〉の指導性が強調される。「日本は東亜の新秩序の建設に於いて指導的地位に立たねばならぬ」。「日本が世界史の発展の統一的な理念を掲げて立つことによってのみ今次の事変は真に世界史的意義を獲得することができるのである」。そしてその指導性は、「日本主義」と結びつけられる。「東亜の新秩序は日本のイニシアチヴによって建設されるのである。日本はその国体の根源をなす一君万民、万民輔翼《ほよく》の思想によって古来共同主義を実現してきたのであるが、この精神を完全に発展させることによって日本はかかるイニシアチヴをとり得るのである」。

パンフ『新日本の思想原理』を取り上げ過ぎたかもしれない。もちろん、パンフはパンフであって、そのまま三木ではない。言及したように、例えば「ナップ」の立場での紹介が求められた場では、三木はそれに対応して「レーニン段階」を強調した。ここでも、パンフに求められているものを十分知った上で三木は答案を書いている。また、「一君万民の世界に無比なる国体に基づく協同主義」といったいい回しは、当時この種の文書には付けざるをえなかった修飾語だっただろうし、あるいは委員会で付け足した語句かもしれない。少なくとも三木には若い頃から、例えば西田のような天皇敬愛に類する心情はない。「一君万民、万民輔翼」などといっても、天皇主義を逆手にとり、それらの疑似普遍性を信じるふりをしつつ偏狭《へんきょう》なナショナリズムを相対化しようという論理だったといえよう。また、三木らの構想に、現在のヨーロッパ共同体に通じるアジア共同体の少なくとも夢をみることもできるかもしれない。また逆に、振り返れば何世紀にもわたる西欧列強の侵略戦争や植民地経営が常に文明化の名で正当化されてきたことや、現在でも例えばアメリカ軍は平和維持軍だといった観念が繰り返し強調されることを想起すべきでもあろう。また、マルクス主義をコミンテルン解釈と等値した上で、近づいたか遠ざかったかという評価軸を問題にするようなことは無意味であるが、パンフを書いた三九年に三木は、先に引用した「哲学ノート」の一文で、「ファッシズムの哲学」の「大きな弱点の一つは、それが世界史の発展に関する統一的な思想を有しないということである」と書いた上で、それに対比して、「マルクス主義の哲学」について、「その大きな強みの一つは、それが世界史の発展に関する統一的な思想を有するということである」、と書いている。もちろん、そこにはなお「種々の弱点」があり、それを「止揚し得るような新しい世界史の哲学」が求められるというのであるが、それはなお要請であって、「現在世界史の発展に関する統一的な思想を有する殆ど唯一といって好い」のは、マルクス主義だけである、というのが、この時点でも三木の認識である。

だが、右に並べた全てを計算に入れても、哲学者として三木がその理念的補強に関わった「東亜協同体」もまた、「大東亜共栄圏」に繋《つな》がるものとして、アジア侵略の名目として機能したのであって、東亜での「日本のイニシアチヴ」を主張することが日本の軍事行動の正当化を結果したことに対する、三木の、昭和研究会の歴史的責任は消えないだろう。

一度ならず大陸への旅行をしている三木は、朝鮮人や中国人らの生活を目にしなかった筈はない。当時の報道は現実の日本軍の暴虐については全く伝えなかったが、戦場となっている中国の人々の思いについて、少なくとも想像はできたであろう。三木と同じ言論人の中にも、植民地の人々と情感を共にしようと発言する例えば矢内原忠雄《やないはらただお》や柳宗悦《やなぎむねよし》らがいる。また議会にも、「唯徒《いたずら》に聖戦の美名に隠れ」、「東洋永遠の平和」だとか「共存共栄」だとかいうような「雲をつかむような文字を列べたて」て軍事行動をやめないと、軍部に対する批判演説をして追放される斎藤隆夫のような議員もいる。それらの人々に比べても、三木の中国問題に対する姿勢には、やはり問題があったといわざるをえない。若い頃から、漢詩を作り短歌を詠む一方で、西洋の思想や文化に親しみ、専ら西洋的教養を目指してきた三木には、東亜の連帯や西洋列強からの解放を主張しながら、例えば同じ昭和研究会仲間の尾崎秀実《おざきほつみ》などに比べても、アジアからの視点が薄いのはやむをえない。

ちなみに、尾崎は、新聞の上海特派員から評論家に転じ、的確な状況分析にたった中国評論が高く評価され、昭和研究会に参加し、また第一次近衛文麿内閣の嘱託《しょくたく》となる。一方彼は共産主義者として、上海時代に知り合ったゾルゲらと結んで、コミンテルンのために、政治中枢での諜報《ちょうほう》活動を進めた。ただ彼もまた、その活動場所を確保するためには中国の現状を前提として、「東亜協同体」論を「ひとつの大理想」と認め、日本を「その指導的構成員」とした上で、その失敗を予言する他ない。また彼ら諜報団の最大の関心は、日本軍が北進してソ連に向かうことを回避できるかどうかという点にあった、その限りにおいて、尾崎の分析や発言もまた、北進論をそらすための政治関与として、南進論つまり東南アジア侵攻政策へと軍部の関心を誘導するという形の加担を免れない。繰り返すが、抵抗と加担の重なりと無縁にはありえないのが、この時代の抵抗的参画であった。

興亜と提携　以上のような「東亜協同体」の提唱に対して、左からも右からも激しい批判が起こる。当の中国からも、大軍を送りつけて東亜友好をいう「日本製大亜細亜主義」だという当然の批判が寄せられる。

「大アジア主義」といい「東亜協同体」という名で民族の枠を越えることは、尾崎もいうように、理念としては間違っていないとしても、歴史の現実としてあるのは、台湾や朝鮮を植民地とし中国大陸に傀儡《かいらい》国家を作ってきた大日本帝国の姿であり、大陸深く攻め入っている日本軍の姿である。日本軍の侵略を「三光」即ち焼き殺し奪い尽くすと表現する中国の人々に、「東亜協同」の理念が素直に受け取られる余地はない。

四〇年の「日支文化関係史」で三木はいう。いまや世界列強の一つとなった日本とは異なり、中国は近代化が遅れている。西洋列強に対抗して「東洋保全の大義」を全うするためには、中国の近代化と日中の提携が不可欠である。

「支那国民を覚醒し、支那を救いそれを保護し、扶掖《ふえき》誘導するは日本の外にない」といった「日支提携論は、元来西洋諸国の東亜への進出に対して現れたものであるが、その後日本の資本主義の発展による東亜大陸への攻勢にも拘《かか》わらず、日本の思想的伝統のうちに絶えず存続したのである。かようにして日本は、一方白人に対してアジアの選手として振る舞うと同時に、他方白人と同様の仕方で大陸へ進出するという二つの何か相容《あいい》れない功名心を有してきたのである。今次の「支那事変」は日本に対してこの矛盾を解決すべき任務を課しているのである」。三木は、提携と侵略という二面性にもちろん強く気付いてはいる。だが、強国が他国を「覚醒」させ「保護」し「指導」するという「提携」こそが、常に「侵略」の名目として用いられてきたという、歴史の現状を軽視しているといわざるをえない。

例えば三木はいう。「日支提携論」は早くからあったにもかかわらず、「中国の無理解」によって「朝鮮の独立が侵害され」、そこから日清戦争となった。そう書きながら三木は、現在その朝鮮が完全に日本に併合されてしまっていることには言及しない。当時の三木の置かれた状況下では明確な朝鮮独立はいえないとしても、これでは説得力なく、何より三木の文章からは、全てを奪われ支配されている朝鮮人民の痛切な思いは伝わってこない。

例えば、同じ言論人でも、植民地を放棄し侵略的利権を手放した方が国益にかなうとして、帝国主義的膨張の時代にひとり一貫して、「満州」はもとより朝鮮台湾を含めて海外の領土権益の全てを放棄せよと「小国主義」の論陣を張っていた石橋湛山《たんざん》のような「自由主義者」もいる。彼はいう。「支那の自主独立を犯して、日支提携など出来ようわけがない」。中国の人々は、「日本で説かるる東亜協同体とか、東亜の新秩序とか云うことは、支那滅亡の異名《いみょう》に過ぎぬと恐怖している」。

確かに、当時の知識人たちが戦争の中に見出すことで現実を是認しようとした理念やスローガンの真実を見抜くのは、常に、当のアジアの人々の眼より他にない。なるほど、西洋帝国主義列強のアジア支配体制にだけ着目する限りでは、日本が西洋列強に伍して闘いを挑むことは、彼らの支配体制を揺るがす面を持ってはいる。だが、あくまでそれは国家間のパワーポリティックスの問題に過ぎない。そこに生活する人々から見れば、いかに「五族協和」を掲げようと「満州」が日本の傀《かい》儡《らい》国家であることは間違いないし、いかに「東亜の新秩序建設」を掲げようと中国派兵が日本の軍事侵略であったことは間違いない。

『技術哲学』

三木は、あくまで効力ある現実的抵抗をしているつもりである。だが、繰り返すが、現実性のある抵抗と翼賛は分かち難く結びついている。組織を、権力を利用しようとすることと、組織に、権力に利用されることの間には紙一重の差しか存在しない。否、それは同じことの両面である。ここまで来ればもはや放置して敗戦と荒廃へと突き進むにまかせるべきだったと、誰がいえるだろうか。戦後、中井正一は書いている。「三木君が多くの嘘欺《きょぎ》の中にかつがれていることを意識しながら、それに身をゆだねつつ、それでもそれが歴史のプラスであることを信じ、または信じようとつとめつつ、時にはその複雑さの中に混迷しつつ、謬《あやまり》あらば罰をと、歴史の中に身を投擲《とうてき》して歩んだ道は悲壮である」、と。三木には、少数の共産主義者のように現実の大衆から切断されたまま何年も獄中で原則的批判を曲げない抵抗精神や、また例えば永井荷風《かふう》のように世を捨てる程の反時代精神はない。尾崎や三木は、それらとは別の、参画という現実的抵抗を選んだのである。無責任にも後代の人は、前者のような徹底抵抗を現実逃避とか政治的傍観とかいい、後者のような現実抵抗を加担ということができる。だが、彼らは、それぞれの仕方で、時代に責任をとったのだ、というだろう。

それでも、三木らについていえば、ひとたび政治に参画する以上は、全ての行動は政治的であり、政治は結果責任の世界である。戦後から振り返れば、国家経営の全般的改革の意図が総力体制の確立を通って国家ファシズムを招き寄せたという、結果責任はとらねばならない。図式化していえば、日本版ニューディールへの参画を意図してファッショ国家に協賛せざるを得なくなった悲劇とでもいえようか。三木あるいは昭和研究会は、その意味でアジア侵略に加担した。だが、後の時代の者には結果責任を問う権利があるが、その時代の者には行動する権利がある。

ところで三木は、『構想力の論理』で技術の問題を取り上げたが、政治的に参画し行動する以上、時務の技術が不可欠である。三九年に彼は「時務の論理」を書く。「国体」という言葉が冷静な政治議論を押しつぶし軍部の独走が国家経営を危うくしている今こそ、構想力をもった政治技術官僚による国家管理が特に重要であると三木は考える。こうして三木は、技術について改めて主題的に論じようと、四一年に『技術哲学』をまとめて、発表する。

少し遡《さかのぼ》るが、前章で触れた「唯物論研究会」では、会員たちが三五年以降、『科学論』や『技術論』といった書物を刊行しつつある。彼らもまた傍観せずに、非合理な日本ファシズムに抵抗するため、合理的な方法意識や態度を大衆の間に根付かせようとしている。

三木もまた、自然科学や技術の重要性を認める態度が我が国に於いては特に大切であると何度も書き、非合理的な精神主義を振りかざす傾向に対する警告を繰り返す。そしてまた、産業の発展を通して人間生活に大きく寄与してきた科学技術が、かえって様々な社会問題をも引き起こしていると、現代にも通じる警告をする。そして、そのような社会問題を克服するためには、生産技術を統制し生産の計画化をはかる政治技術や社会技術とそれを支える社会科学が特に重要だという。そこにあるのは、社会主義的計画経済への密かな思いだろうが、それもまた戦時統制経済への後押しともなっている。

ところで、当時のマルクス主義者たちは生産力を重視し、技術を論じる際にもそれを生産技術の面から問題にしているが、一方三木は、『構想力の論理』で、「技術はその一般的本質において主観的な物と客観的なものとの統一である」と書いている。三木の技術論は、技術を広く人間と世界とを媒介するものとして捉える姿勢が強く、戦後改めて技術論論争が起こった時、その点で再評価されることになる。

ただ反面、そこから彼は、技術のもたらす社会問題をも結局政治倫理の領域に収斂《しゅうれん》させる。『構想力の論理』で「西洋の物の技術に対して、東亜では心の技術が発達している」と書いていた三木は、ここでもまた近代科学技術の行き詰まりを切り開くのは象徴的な東洋文化であり、その基礎は行為的直観の立場であるという。

総力戦体制へ

大政翼賛会

三九年九月、独ソ不可侵条約を結んで東方の安全をひとまず確保したドイツが突如ポーランドに侵入し、いよいよ第二次世界大戦が始まる。翌年電撃的に戦線を西に進めたナチス・ドイツはパリを占領、フランスは降伏する。そのような状況の中、四〇年七月に成立した第二次近衛内閣は、「基本国策要綱」を決定する。大東亜新秩序と国防国家の建設を基本方針とするこの内閣は、来たるべき総力戦に向けて、いわゆる翼賛体制を作り上げてゆこうとする。

ナチス・ドイツがイギリスをも落としてヨーロッパの政治地図を書き換えるような勢いにある状況を前にして、日本は日独伊三国同盟を締結し、抗日中国の背後の支援ルートを絶ち、かつ決定的に不足する資源を確保しようと、中国を越えて南に軍を進める。だがそのことで更に、対英米開戦必至の状況へと追い込まれてゆく。永井荷風は、三国同盟を知った日の日記に、「国家の恥辱、これより大なるはなし」と書き付けるが、誰にも聞こえないつぶやきに過ぎない。

「国家総動員」はある意味世界の合い言葉となっている、と既に書いた。四〇年の秋、国家総力戦体制のための組織として、「大政翼賛会」が発足すると、町内会隣組、農業商業、産業などなどの下部組織が整備され、政党も雪崩《なだれ》を打ってそこに解党参加してゆく。

こうして、近衛を理論的にサポートしようとして始まった昭和研究会は、皮肉にも近衛政権によって終焉《しゅうえん》の時を迎える。研究会もまた、解散するのである。会員だった酒井三郎は書いている。「一体何が実現したというのか。現実は私たちの意図や活動とはまるで関係なく動き、私たちを押しつぶし、とり残していった」。それでも、そこに参加した多くの知識人たちの心情としては、昭和研究会は、この厳しい時代に、現実的に残された最後の抵抗組織であった。三木は昭和研究会の解散に最後まで反対したという。

だが三木は、その後も、大政翼賛会の文化部長を引き受けることになった劇作家の岸田國士《くにお》への協力も含め、なお抵抗活動を続けてゆこうとする。岸田も三木も、ファシズムへの協力という批判を受けながらも、また協力加担していることが分かりながらも、破滅へと向かう暴走列車の方向を何とか少しでも曲げて、現状を破滅から救おうと努力しているつもりである。そしてまた実際、三木の書くものは、軍部や右翼勢力の不快感を募らせてゆく。

「人生論ノート」

一方には完全な破滅に突き進む凶暴な国家があり、他方少しでも批判的な思想や運動は、徹底的に弾圧されてその姿が全くみえない。あらゆる場面で「国体」が強調され、共産主義者だけでなく自由主義者も、徹底的に検挙され排撃されてゆく時代である。三木はあくまで知識人として責任をとろうとするが、伏せ字を使い、韜晦《とうかい》を重ね、翼賛を交えても、僅かでも混じる批判があれば、発禁や削除を要求され、それどころか編集者が逮捕されたりする、言論弾圧時代となっている。

先にも触れたが、以前から文学にも関心の高い三木は、「哲学と文学とは根本において同じ問題をもっている」という立場から、三四年には『人間学的文学論』を書いている。そして、三七年に個人と歴史の関わりを考え続ける評論家の小林秀雄らが創刊した「文学界」の同人となって、文芸時評なども書き、また小林、岸田らを含む時局文化をめぐる座談会に出席することも多くなる。

そして三木は、三八年から「文学界」に、「人生論ノート」という短文を連載しはじめる。「死について」「幸福について」「懐疑について」……と、次々と取り上げられるテーマをめぐって、やさしい言葉ながら深く考えることを促される文章は、重苦しい時代を生きる人々に届けられた貴重な贈り物のように受け取られる。少しだけ紹介しよう。

「死は観念である。それだから観念の力に頼つて人生を生きようとするものは死の思想を摑むことから出發するのがつねである」。

「幸福を語ることがすでに何か不道徳なことであるかのように感じられるほど今の世の中は不幸に充ちているのではあるまいか」。

「孤獨は山になく、街にある。一人の人間にあるのでなく、大勢の人間の「間」にあるのである。孤獨は「間」にあるものとして空間の如きものである」。

「絶望において自己を捨てることができず、希望において自己を持つことができぬといふこと、それは近代の主觀的人間にとつて特徴的な状態である」。

「人生は運命であるやうに、人生は希望である。運命的な存在である人間にとつて生きていることは希望を持つていることである」。

後まとめられて四一年に出版された『人生論ノート』は、戦後も長く読みつがれ、今も文庫本として書店に並べられている。戦争を窓外に聞きながら書かれた三木の言葉が、今なお静かに人々の心を打つのであろう。

『哲学入門』 そういえばもうひとつ、発売すぐに十万部をこえる当時の大ベストセラーとなり、今なお読まれている本がある。

日本で初めての文庫本である「岩波文庫」のことは既に述べたが、その後も三木は、数多い岩波講座やまた叢書、全書の企画に加わり、その面でも大きな貢献をする。そして三八年に、岩波書店は、三木の助言を受けて、「岩波新書」を創刊する。岩波文庫は、ドイツのレクラム文庫をモデルにして古典を手軽に読めるよう発刊されたが、岩波新書は、前年にイギリスで創刊されたペリカン・ブックスを基にした書下ろし中心の教養書で、これまた日本最初の新書である。そして三木自身も四〇年に、『構想力の論理』を中断して、岩波新書の一冊として、『哲学入門』を出版すると、発売すぐに大ベストセラーとなる。

「哲学に入る門は到る処にある」が、この入門書で「究極点」として「予想されているのは、私の理解する限りの西田哲学である」、とはじめに三木はいう。三木の基本的な立場はこれまで見てきた通りであるが、「社会」をどう捉えるかについては、西田的な構図がより明確になっている。

三木はいう。「人間は世界から作られ、作られるものでありながら独立のものとして、逆に世界を作ってゆく。作られて作るものというのが人間の根本規定である」。だがまた、「我々がその中にある一つの個別社会、例えば民族とか国家とかも、主体として」、世界のうちにある。このようにして、包括関係を拡げてゆくと、「多くの世界がそれにおいてある世界即ち絶対的環境、もしくは絶対的場所、もしくは絶対的一般者ともいうべき世界が考えられねばならぬ」。それは、「無数に多くのものの総体としての世界」であると同時に、ひとつの「絶対的場所としての世界」である。「かくて世界は多にして一、一にして多という構造をもっている」。

「個別的社会も」「同時に自己を超えた社会を表現する」。こうして、「我々は民族的であると共に世界的であり、民族に属すると同時に直接に世界においてあるのである」。逆の側からいえば、「世界は民族を媒介として形成されるのである。しかもまた民族は世界を媒介として形成されるのである」。こうして、「歴史的なものはすべて個別的なものであり、個別的なものは一般的なものと個別的なものの統一である。個人、民族、世界は相互に否定的に対立している、しかも否定は媒介であり、否定の媒介によって具体的現実的になるというのが弁証法の論理である。」

こうして、三木はいう。「世界の我々に対する呼びかけが我々にとっての使命である」。「かような使命に従って行為することは、世界の呼びかけに応えて世界において形成的に働くことであり、同時に自己形成的に働くことである」。それは自己を殺すことによって自己を活かすことであり、その限りにおいて、「人間は使命的存在である」。

『哲学入門』は「西田哲学入門」だ、といった評が出るのは当然である。だが、内在的であると同時に超越的であるとか、主観的であって客観的とかいう解決は、結局西田的な論理による、言葉の上の解決に過ぎない。そのことを、そして三木は分かっていただろう。

西田と天皇制

一九四〇年三月、三木は、西田哲学を「究極的なもの」として書かれた『哲学入門』を、次のように書き終えたのであった。「世界の我々に対する呼びかけが我々にとっての使命である」。「人間は使命的存在である」。

では、その西田自身は、「使命」について、どう考えていたのだろうか。

同じ四〇年八月、西田もまた岩波新書を一冊書き下ろす。『日本文化の問題』である。三木の『哲学入門』は、今も読み継がれているが、西田のそれは、歴史の彼方に消えている。この著は、「東亜の建設者としての日本の使命」を説くものであったからである。

だが、その前に、ここで西田の思想史を振り返っておこう。

三六年『善の研究』の新版の序で、西田自身、自らの思索の跡をまとめている。「今日から見れば、この書の立場は意識の立場であり、心理主義的とも考えられるであろう」。そこで西田はその後、「絶対意志の立場に進み、更に」「一転して「場所」の考に至」る。全ての物は何々「である」と述語で包まれ、全ての出来事は世界で起こる。だが、全ての物や出来事が世界であると捉え返せば、物や出来事は、述語的一般者としての世界が自らを限定したものとも表現できる。さらに西田は、三木らのマルクス主義接近なども受け止めながら、世界を「歴史的実在の世界と考えるように」なっている。それは、人が世界を世界が人を、作り作られる世界である。

こうして、思想的苦闘の末に、いま四〇年に到達した地点を、西田は『日本文化の問題』の冒頭で、自ら僅かひとことにまとめている。「我々が此処に生まれ、此処に働き、此処に死に行く、この歴史的世界は、論理的には多と一との矛盾的同一と云うべきものでなければならない。私は多年の思索の結果、斯《か》く考えるに至ったのである」。

合理主義的西洋論理に抗して、「多と一との矛盾的同一」といった独特の「弁証法」を用いて刻まれた西田の思索は、根底に絶対無を置く東洋文化に哲学的根拠を与えたものとして、近代日本の代表的な独創的哲学と評されることになる。だが、我々はここで、西田哲学そのものについて、評価する立場にはない。ただ三木との関連で、西田が提示した「東亜の建設者としての日本の使命」についてだけを、ここでみておきたい。

右にみたように、西田によれば、全ての物や出来事は世界に包まれ世界で起こり、世界によって成り立たせられる。逆にいえば、全ての物や出来事は、そのような絶対的一般者たる世界の自己限定ともいえる。そこで西田は、その考えを、次のように日本の歴史に適用する。

「何千年皇室を中心として生々発展し来った我国文化の跡」を顧みると、時の政権は替わっても、「併《しか》し皇室は此等の主体的なるものを超越して、主体的一と個物的多と矛盾的自己同一として自己自身を限定する世界の位置にあったと思う」。「我国の歴史に於て皇室は何処までも無の有であった。矛盾的自己同一であった」。

もちろん西田もまた、偏狭なナショナリズムに与《くみ》せず、日本精神の神秘化にも抗する。いまや、問題は世界史にある。「日本形成の原理は即ち世界形成の原理とならなければならない」。日本形成の原理とは、諸政権に超越してきた皇室の原理である。皇室は、侵略、征服、支配等々を事とする時々の政権に超越してきた。「最も戒むべきは、日本を主体化することでなければならないと考える。それは皇道の覇道化に過ぎない、それは皇道を帝国主義化することに外ならない」。西田は、天皇の軍隊の帝国主義的侵略行動に反対している。あるいはこれが、いいたかったことでもあろう。

覇道《はどう》と皇道

かつて日本に留学していた孫文《そんぶん》は、二四年に神戸で有名な講演をする。「圧迫を受けて居る我がアジアの民族が、どうすれば欧州の強盛民族に対抗し得るか」。「貴方《あなた》がた、日本民族は既に一面欧米の覇道の文化を取入れると共に、他面アジアの王道文化の本質をも持って居るのであります。今後日本が世界文化の前途に対し、西洋覇道の鷹犬《ようけん》となるか、或は東洋王道の干城《かんじょう》となるか、それは日本国民の詳密な考慮と慎重な採択にかかるものであります」。西洋の飼い犬となるか東洋の王道を守る衛士となるか、と迫ったのである。

しかし、「皇室の覇道化」に代えて、西田は、天皇を戴く日本は「主体として他の主体に対することなく、世界として他の主体を包むことでなければならない」といい、それが「八紘一宇《はっこういちう》」であるという。「世界はわが一家」という意味のその言葉は、侵略の合い言葉として使われた、当時有名な言葉である。西田はその言葉を逆手にとっているのであろうが、しかしその理念自体は彼ののでもある。天皇制国家を帝国主義的侵略国家とするのではなく、自らの原理で世界を包む天皇制国家の原理を広げること、それが「東亜の建設者としての日本の使命」であると西田は主張する。

そして西田は、中国についても、現在の「支那文化は主体的」つまり権力的であるといい、アジアではひとり日本だけが、西洋文化を消化し、「東洋文化の新たなる創造者」となって、東洋を指導する立場に立っているという。それも、日本が天皇制を原理とする国だからであって、日本には、その原理を世界に広げてゆく使命がある。それが、「東亜の建設者としての日本の使命」だと西田はいうのである。

『哲学入門』で、自他共に認める西田哲学入門を書いたように、この時期三木は、西田のごく近くにいることは間違いないが、若い頃から「天皇制的絶対主義」に批判的であった三木は、少なくとも、このような天皇制原理の称揚には与しない。

「形なき形」

『第一』の「序」で三木は、「形を作る」制作の論理を「東洋的」な論理として、それによって西洋的な科学技術の論理を越えようという意図を隠さない。西洋文化では形は客観的なものとして科学の対象となるが、「東洋においては形は主体的に捉えられ」る。東洋文化では有を有たらしめるのは無であり、形を形たらしめるのは「形なき形」である。もちろん科学や技術は無視してはならず、東洋の論理も科学や技術によって媒介される必要がある。だが西洋的な「形あるもの」に基づく科学技術は、東洋の「形なき形」から見ればいわばその影であって、それらはあくまで媒介に留まるべきものであると三木はいう。

「形の文化」は、「自然と文化、自然の歴史と人間の歴史とを結びつけるものである。自然も技術的であり、自然も形を作る」。「自然と文化或いは歴史とを抽象的に分離する見方に対して、構想力の論理は両者を形の変化の見地において統一的に把握することを可能にする」。

東洋の文化では、「形あるものは形なきものの影」である。「形は形に対して形であり、それぞれの形は独立である。かような形の根底にあってそれらを結び付けるものは」、「却って形を超えた形、「形なき形」でなければならぬ」。

「西洋文明は物質文明で東洋文明は精神文明であるといった種類の幼稚な議論では何の役にも立たぬ」と別の所で書いている三木にしてなお、西洋近代を相対化しようという思想的営為が、このようにいわせている。

先に見たように、西田は、日本文化の中心に天皇という「形なき形」を発見する。三木もまた、西田に近い場所まで近づいているが、もちろん三木は、西田のように、天皇制を持ちあげたりはしない。特に、「国体」の支配するこの時期、この差は決して小さくはない。

それでも、近代化という歴史的必然が、自国の伝統と非連続に異質文化を移入することと不可分でしかありえない国において、近代の歴史を改めて主体化しようとする思想的営為が、いかに難しい問題に、いかに危険な誘惑に直面せざるをえないかということが、ここからも分かろう。

西田を批判するためには、「形なき形」を、自己批判的に再検討しなければならない。先に述べたように、三木は西田哲学に接近しつつ、「即」という語で全てを飲み込むような、「いわば円の如き」「和解の論理」を、何とか超えようとしている。

だが、もはや三木には、時間が残されていない。

V

死と生涯

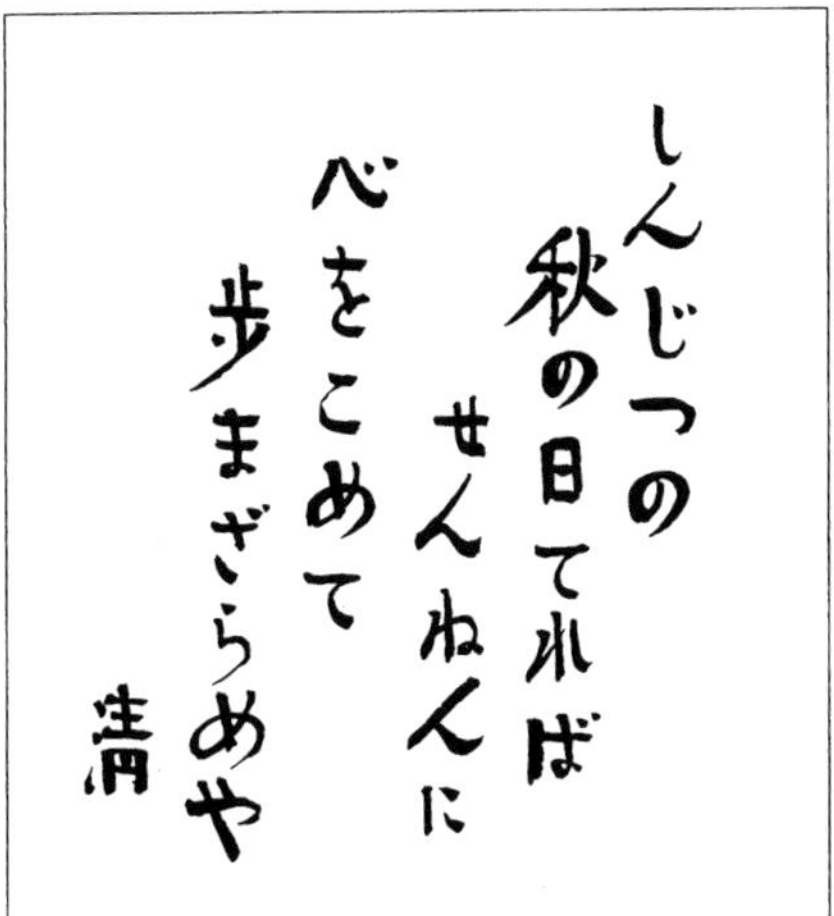
しんじつの
秋の日てれば
せんねんに
心をこめて
歩まざらめや
清

三木清の色紙（複製）

「聖　戦」

対米英開戦　一九四一年秋、昭和研究会は隠れた「アカの巣窟《そうくつ》」だという右翼の攻撃が当たっていたかのように、会員だった尾崎秀実がゾルゲと共にソ連のスパイとして逮捕される。三日後、近衛内閣が総辞職し、陸軍の東条英機が首相となって、いよいよ全ては戦争へと吹寄せられてゆく。そして一二月、遂に日本は、無謀にも米英などに対しても戦端を開き、戦争は「大東亜戦争」と命名される。

従来から、政府や軍に対する表だった批判は口にできないまま、中国に対する戦争に一抹《いちまつ》の後ろめたさを感じていた知識人たちも少なくなかった。だがその感情は、日本の軍事行動は西洋列強の帝国主義的な圧迫への抵抗であるという観念処理によって蓋《ふた》をされ、その一方で中国の激しい抗日に苛立《いらだ》ちを覚えもしていた。

だが、日本は遂に米英に対して宣戦を布告した。開戦の日、少なからぬ知識人が、主敵はやはり西洋列強であったことが明らかになったとして、それまでの後ろめたさが精算された感激を言葉にしている。日本近代史の底流に漂い続けてきた、屈折した反西洋列強という観念がいまはっきりと現実化され、「大東亜戦争」は、文字通り「聖戦」となったのである。

帝國、米英に宣戰を布告

畏し・大詔渙發さる

情報局發表（八日午前十一時四十分）畏くもアメリカ及びイギリスに對し宣戰布告の大詔が下されました

詔書

天佑ヲ保有シ萬世一系ノ皇祚ヲ踐メル大日本帝國天皇ハ昭ニ忠誠勇武ナル汝有衆ニ示ス

朕茲ニ米國及英國ニ對シテ戰ヲ宣ス朕カ陸海將兵ハ全力ヲ奮テ交戰ニ從事シ朕カ百僚有司ハ勵精職務ヲ奉行シ朕カ衆庶ハ各〻其ノ本分ヲ盡シ億兆一心國家ノ總力ヲ擧ケテ征戰ノ目的ヲ達成スルニ遺算ナカラムコトヲ期セヨ

抑〻東亞ノ安定ヲ確保シ以テ世界ノ平和ニ寄與スルハ丕顯ナル皇祖考丕承ナル皇考ノ作述セル遠猷ニシテ朕カ拳々措カサル所而シテ列國トノ交誼ヲ篤クシ萬邦共榮ノ樂ヲ偕ニスルハ之亦帝國カ常ニ國交ノ要義ト爲ス所ナリ今ヤ不幸ニシテ米英兩國ト釁端ヲ開クニ至ル洵ニ已ムヲ得サルモノアリ豈朕カ志ナラ

御名

昭和十六年

東條首相斷乎たる決意力說

英米の暴政を排し 東亞の本然を復す

政府、宣戰の使命聲明

政府聲明内容

米英との開戦を伝える新聞（1941年）

三木もまた、公表された文では基本的に戦争を「聖戦」として描く他ない。例えば四二年の「日本の歴史的立場」では、「神武天皇は日本の国を創め給ひ」、「その肇国《はつくに》の精神は、綿々として現在に伝はり、今次の大東亜戦争もこの大精神の発現にほかならないのである」と書く。こういう言い回しを使わなければもはや何も公表できない時代ではあったにしても。

だが古在由重によれば、三木はまだ日米戦争にならないうちから、友人たちに、「そのうち日本がアメリカと戦争するだろうといっていた」という。「かれは日米戦争がはじまるまえから、日本が敗北するということ、ヒトラーが自殺するということを、確信をもってぼくらに語っていました」。当時の知識人として、並はずれた歴史認識である。それでも三木は、日本の敗戦を確信しながら沈黙しない。

敗戦と知っている戦争を「肇国の精神の発露」だなどと書かずに、無言の原則的批判者に徹し、状況を事実上放置して来るべき全面的な破滅を無責任に待つような態度を、三木は知識人としてとるべき態度とは考えない。

執筆停止

戦況の悪化による極度の物資不足の中、言論弾圧は頂点に達し、徳富蘇峰《とくとみそほう》を中心に市川房枝《ふさえ》らも参加した「言論報国会」という団体に加入しなければ、出版用紙も確保できなくなる。だが「『言論報国会』は三木さんを入れなかったし、三木さんも入る意志を持たなかった。当時ジャーナリズムで活動した有名な文化人で、この御用団体に加わらなかったのは、ほとんど三木さんだけであったであろう」、と久野は書いている。

実際三木は、既に何度も文筆への弾圧を経験している。三三年には論文が発禁、削除処分となり、三七年には新聞コラムが不掲載処分を受ける。それに対して三木は書く。「戦争が文化に及ぼす影響の内最も著しいものは統制の結果として現れる。この統制は文化の生産にとって根本的に要求される自由を甚《はなは》だしく抑圧する」。だが、更に、開戦早々の四二年正月に「戦時認識の基調」が「中央公論」に発表されると、軍部や右翼からの激しい非難攻撃が編集部に集中し、これ以後、総合誌は三木の論説を掲載できなくなる。東条政権下、東条の最大の政敵である近衛に近い昭和研究会系の知識人が特に目の敵にされたこともあったともいわれている。

執筆者だけではない。時局に批判的な総合誌の編集者にも容赦ない弾圧が加えられ、四三年の横浜事件では、「改造」「中央公論」の編集部をはじめ、岩波も含む六〇人の編集者らがいわれなく逮捕され、「ブタのように拷問」されて殺される。

以前から三木は、清沢洌《きよし》らと「国民学術協会」を結成しているが、戦時下の抵抗記録として知られる清沢の『暗黒日記』には、陸軍報道部が出版社に強い圧力をかけた様子や、また協会主催の哲学講演会で三木が講師をしようとしたところ陸軍報道部が「烈火《れっか》の如く怒って」講演会を中止させられた様子が書き留められている。

軍や右翼から激しく攻撃された三木の「戦時認識の基調」をいま読むと、むしろ戦争遂行に協力するための提言のようにも読める。だが軍部はもはや、少しの批判も許さない。軍は三木を、陸軍報道班の名で強制的に占領地フィリピンに送り込む。

何人かの文学者たちと共に四六歳で戦地へ送られた三木は、「大東亜共栄圏」の建設という名目を掲げて当地を占領して軍政を敷き、日本的価値観を押しつけながら資源を収奪する現実の日本軍の姿をどう見たのだろうか。戦地で三木は、「私は文化の研究に来たのであって、戦争には興味はない」と発言して大問題になったりしたという。

ただ三木は、もちろん軍政当局に積極的に加担したりはしないが、フィリピンの人たちと積極的に交わるようなこともしない。従軍報告書といった性格にもよるが、現地の軍発行誌などに寄稿した、フィリピンについて書かれた文章の中で、三木の視線は現地の人々に対してあまり温かくない。また、自分も提唱の一端を担ってきた「東亜共栄圏」の観念を現実と突きあわせる作業をテーマとした文章も、書くことが許されなかったというべきではあろうが、ともかく残されてはいない。報告書として、フィリピンに対する農業立国のための社会改革など具体的な提言もしているが、しかしこの時点で許される文章の中では、やはり日本精神を強調する他ない。

「彼等に東洋人としての自覚を持たせ、日本の精神文化によって彼等を指導してゆくということは根本的に大切である」。このいい方は、従来の支配者であったアメリカへの依存心を追い出すべきだという文脈での言葉であり、「日本はフィリッピン人に精神を与えなければならぬ」というのも、民族的自立心を持たせたいという呼びかけだったろう。だが、それにしても「日本の精神文化」による「指導」は、フィリピンの人々の心に届く呼びかけではないだろう。

三木にとっても、東亜共栄圏は、日本の、少なくとも日本文化の支配圏として表現される。例えば彼はいう。フィリピンには「ともかく日本語の急速な普及が必要である」。「それは日本文化を浸透させるために必要である。それは東亜共栄圏の共通語を確立するために必要である」。ただしここでも、フィリピンはスペインの、そしてアメリカの植民地であって、日本語の普及は英語の追放という意味をもっていたことは念頭に置いておく必要がある。また三木は、日本語の普及をいいつつも、日本語の押しつけではなく、日本語と現地語の融合から新しい言葉が生まれることに期待している。日本語は、植民地や占領地の拡大によって、はじめて外国人への教育という問題を経験するが、満州での「協和語」のような日本語簡略化の試みなどが、規範としての日本語への冒瀆《ぼうとく》として退けられる中で、三木の現地語化されたいわばピジン日本語の提唱には、なお「協同」「共栄」に賭けるせめてもの彼の気持ちが読めるかもしれない。

『暗黒日記』によれば、フィリピンから帰った三木は、「比島の政治は、朝鮮と満州と同じだ」と語ったという。「協同」とか「共栄」とかいい繕《つくろ》っても、結局「大日本帝国」の植民地が増えただけだという重い事実に、もちろん三木は、自らの責任も含めて気付いていたのであろう。

ところで、幸か不幸か三木がマニラにいる四二年の秋に、「近代の超克」と題される座談会が雑誌に掲載され、翌年その名で出版される。西谷啓治ら京都学派の哲学者たちや、小林秀雄ら「文学界」の同人たちその他が参加した座談会である。この座談会は、戦後、京都学派の哲学者らが世界史の道義的課題を戦争に仮託した座談会「世界史的立場と日本」とともに、戦争を理念的に正当化する役割を果たしたものとして悪名にさらされることになる。

近代の超克

彼らはいう。「超克」すべき「近代」とは、もとより西洋近代である。今時の戦争で露《あら》わになっているのは、西洋がリードしてきた近代文明そのものが行き詰まり、世界史的な危機を迎えていることである。いまや世界史は転換期にある。この行き詰まりは、西洋文明の原理では打破できない。世界史の未来は、自然と交感し人々が共生する東洋文明の思想を現代に生かしうるかどうかにかかっている。東洋文明の坩堝《るつぼ》でありつつ列強に対抗しうる力を持った日本は、この危機的現状を打破し、近代の超克を目指すべき世界史的使命をもっている。

西洋列強のアジア侵略を前にして始まった日本近代史は、西洋列強への対抗を課題としつつ、しかも急速な西洋化の歴史以外を選択しえなかった。ここから生じる屈折した思いが、「西欧の没落」と日本の「大国」化という意識経験を経て、知識人たちの心の沈殿槽《そう》で、西洋近代を超克するという課題を析出《せきしゅつ》し、それがこの戦争に託される。

思えば、西田哲学の魅力も、日本人が最深層で感じる西洋近代思想への違和感をむしろ優位性に転化してみせるという屈折のドラマであった。西田と京都学派には、自分たちは当代の西洋哲学のレベルに伍《ご》し更にその行き詰まりを越えているという屈折した自信がある。だがその自信は、彼らの栄光でもあれば不幸でもあり犯罪でもある。戦争が「聖戦」として立ち現れたとき、京都学派の哲学は、自らの思想の質を歴史的現実の中で自己証明することを迫られる。西洋近代を思想的に越えるという姿勢が、対西洋戦争に世界史的意義を付与するという方向に引き寄せられる。

だが、問題はやはりアジアである。アジアの近代史が西洋からの侵略史であるというその限りにおいて、確かに「近代の超克」は「東亜解放」のイメージを含む。だがそれだけに、わが近代の屈折した対西洋ドラマには、他者としてのアジア諸国は、ましてやアジアの人々はいない。こうして、「世界史的立場」や「近代の超克」という言葉が対西洋の次元を中心に、ほとんどその次元だけで読まれる限り、アジア解放を掲げてアジアを侵略するという矛盾が、矛盾として意識されない。

「近代の超克」や「世界史的立場」に参加した京都学派の人々のような、無責任な放談的態度は、三木のものではない。三木の言葉は裏側に激しい抵抗精神と抵抗できない焦燥と苦悩を含んでいる。そういいたいが、それは三木に甘いかもしれない。少なくとも大きなくくりでいえば、西洋近代思想を超える「協同主義」で日中戦争の「世界史的意義」を基礎付けた三木の所論も、少なくとも結果的には、残念ながらこの流れと無縁ではないことを否定できない。

近衛文麿も若い時期に、「英米本位の平和主義を排す」と書いて、西洋支配の現状打破を主張したが、この年、三木も書いている。英米が固執する「自由主義とは英米の帝国主義的支配にほかならぬ」。「日本は米英に代って帝国主義的支配を欲するものではなく、真の共存共栄の、従って真の自由の秩序を建設し、もって世界の真の平和に貢献しようとするものである」。この戦争で「もし日本が起たなかったならば、誰が東亜を東亜人のために解放し得るであろうか。日本は東亜解放の選手である」。「今や東亜の諸民族」は「日本の戦争の道義的意義を理解しなければならない」。

「東亜解放」の現実

もちろんアジアは、何世紀にもわたる西欧列国の苛酷《かこく》な植民地支配の下にあった。日本の掲げた「東亜解放」、「東亜共栄」といった言葉に、自らの解放と独立の夢を重ねようとした、あるいは少なくとも利用しようとした、アジアの人々もいた。だが、真実を告げるのは、常に言葉ではなく、人々の眼に映る日本の軍事行動とその後の現実である。確かに中国は西洋列強のほしいままな侵略に晒《さら》されてきたが、しかも、中国の人民は、西洋列強に対してではなく、抗日に立ち上がったのであった。また例えば三木が行ったフィリピンはアメリカが数十万の民衆を殺して支配下に置いた国であり、日本軍はそのアメリカを追い払ったのであるが、やがてフィリピンの人々は、支配者だったアメリカよりもはるかに横暴苛酷な日本軍からの解放を求め、むしろ再びアメリカ軍を待ち望みつつ、ほとんど全島ゲリラとなって、日本軍に抵抗する。

日本軍占領下のシンガポール　昭南と改名されたシンガポールの街に日本語の看板が並んでいる。

こうして、アジア太平洋で日本軍に勝ち目はない。初戦の戦果に乗って支配権を一杯に拡張した日本軍は、強大な米軍の反攻がはじまるとたちまち敗戦に次ぐ敗戦を重ねて行く。

悲惨なガダルカナル島、アッツ島敗戦など、敗色が濃くなった四三年の晩秋、東条政府は「大東亜会議」を開催し宣言を採択するが、参加した諸国の首脳は、「自主独立の尊重と互助敦睦《とんぼく》」などは名ばかりで、「大東亜各国は相提携して大東亜戦争を完遂」するため益々日本に協力すべしというその実体に、深く失望したという。失望といえば西田も、その宣言の下書きを東条に依頼されて書くものの、東条への失望と確執を経験する。

ちなみに、参加者の中には、三木と同年同月生まれで、奇しくもまた三木と同じく日本敗戦直後に不慮の死を遂げるチャンドラ゠ボースもいる。彼は、非暴力主義のガンディーとは異なり、自由インド軍を率いて徹底した抗英独立戦を闘い、いまインド国会議事堂に肖像画が掲げられている国民的英雄である。宗主国イギリスを倒すために、時にナチス・ドイツとも、また日本軍とも手を組み、日本の敗戦後はソ連と手を組もうとした彼の生涯も、この時代に歴史変革に参画しようとする時、いかなる錯綜《さくそう》を引き受けなければならなかったかということを示している。

さて、三木は、総合誌への執筆も封じられたまま、デカルトの『省察』を翻訳する他、『構想力の論理』の続編「経験」の章を、四三年まで書き続けているが、それも、先にも触れたように、まとまる気配はない。

自覚と覚悟をもって歴史に参加することを説き、また自らも言論によってそうして来た三木ではあったが、遂に人々に残された歴史参加は「死ぬこと」だけとなっている。無数の人々が、人を殺しまた死なⅯなければならない時代である。若い読者に語りかけてきた三木は、戦場に向かう者らを何といって見送ればよいのか。「死と教養とについて――出陣する或る学徒に答う」という一文で三木は書く。「人間は伝統において死ぬることができる」。開戦前から敗戦を予言していた三木もまた、いま、「文学界」の仲間である小林秀雄同様、他の言葉をいうことができない。

獄中での死

死と人生

三木の生命は残り少ない。戦争が始まり日々の生活が荒々しくも窮屈になってゆく四一年から翌年にかけて、彼は『人生論ノート』、『哲学ノート』、『学問と人生』、『読書と人生』と、短文集を次々と出版する。『人生論ノート』については、前章で既に紹介したが、その冒頭に置かれた「死について」という一文から、改めて引いてみよう。「近頃私は死というものをそんなに恐ろしく思わなくなった」。「私にとって死の恐怖は如何にして薄らいでいったか。自分の親しかった者と死別することが次第に多くなったためである」。この言葉通り、三六年に三木は、結婚して七年にしかならない愛妻を亡くしている。残された幼子に宛ててその母の想い出を綴《つづ》った文に、かつての論敵服部之総も深く心を打たれたことについては、既に触れた。

だが、「親しかった者」との死別は、それだけではなかった。四〇年には弟が戦死し、四三年に妹が逝き、そして更に、再婚したばかりの妻もまた病に罹《かか》り、薬も殆ど手に入らない中での看病も空しく、四四年に再び三木は妻を喪《うしな》う。

それでも三木は、四五年はじめの手紙にも、西田の論理を越えて「新しい哲学」を生みだそうという意気込みを書き記す。「今年はできるだけ仕事をしたいと思います。まづ西田哲学を根本的に理解し直し、これを超えてゆく基礎を作らねばならぬと考え、取掛《とりかか》っております。西田哲学は、東洋的現実主義の完成ともいうべきものでしょうが、この東洋的現実主義には大きな長所と共に何か重大な欠点があるのではないでしょうか」。「ともかく西田哲学と根本的に対質するのでなければ将来の日本の新しい哲学は生まれてくることができないように思われます。これは困難な課題であるだけ重要な課題です」。

だが、「今年はできるだけ仕事をしたい」と書き、「将来の日本の新しい哲学」に思いを馳《は》せている三木は、その年が生涯最後の年となることを知らない。古在によれば、「三木は、自分の運命についての暗い予感をもっており、そういう雰囲気をただよわせていた」という。「かれは敗戦は信じていたが、会った感じはけっしてあかるくはなかった」。三木は、「「おたがいにいつつかまり、いつ空襲などで死ぬかもしれない」としばしば語った」。

三木にはもう時間は残されていない。空襲によって各地が焦土となってゆく中、二度も妻を亡くした三木は、死の予感を抱えたまま、幼い娘を連れて淋《さみ》しく東京を離れ、疎開先の納屋《なや》の二階で不自由な生活を余儀なくされる。

二度めの検挙

そして、沖縄でおびただしい生命が失われ、次は本土決戦だという声が高まりつつあるいま、三木清は獄中にいる。その年三月、筆の道を絶たれて幼い娘と二人ひっそりと疎開先で暮らしていた彼を、権力は検挙し、獄に繋《つな》いだのである。

戦争末期の獄中で三木が経験したのは、想像を絶する厳しい日々であったろう。三木の逮捕そのものが秘密にされて知らされず、またもし誰かが知ったとしても、親しい友人たちは、羽仁のように獄中にあるか、戦禍に追われてその日を生き延びることに精一杯で、獄中の三木に差し入れをしたり励ましたりすることのできる者はいない。三木は衛生状態の悪い獄中で罹《かか》った皮膚病に悩み、さらに病が内蔵に及ぶ身で、豊多摩刑務所の獄室に独り耐えている。

三木が逮捕されたいきさつについて、義兄の東畑精一は書いている。獄中にいた共産党員の「某氏がたしか母堂の葬儀で数日間を勾引《こういん》から解かれて帰宅したまま逃亡してしまって、漸《ようや》くのことで再逮捕されたが、その逃亡の時に三木さんの疎開先を訪れて、服とか金とかをもらった。つまり三木は脱獄援助罪の容疑で捕らえられたというのであった。全く寝耳に水のような話であったし、その終始をペラペラと警察でしゃべってしまった某氏の言動に強い軽蔑の念をいだかざるを得なかった」。

また久野は書いている。「三木の経歴、家庭環境、三木の戦後にはたす思想的意義を少しでも考えれば、どれほど当時の状況が急迫していたとしても、Tは、三木の疎開さきへたちまわるべきではなかった」。「Tの判断のあまさは、やはり批難されなければならない」。一方「わが身の危険をかえりみず、Tをたすけたのは、三木のりっぱさであっても、三木の判断のあまさではなかった」。このことだけで評価されないように名を伏せたのは引用者であって、久野は名前を書いている。

三木の経歴や思想的意義を考えれば、という視点は不要であろう。また、「ペラペラと警察でしゃべってしまった」というのもどの程度だったのか分からない。だが、少なくとも三木のことを口にしたか三木につながる物証を渡してしまったのであり、Tは非合法者として重大なミスを犯したのである。こうして三木は脱獄幇助《ほうじょ》の罪に問われ、一般の政治犯よりも苛酷な扱いを受けることになる。

当時の状況の下でTをひとり責め過ぎるのは酷であろうか。だが、戦後幼くして独り残された三木の幼い遺児宛に当人のTが書いた公開追悼《ついとう》文については、私もまた憤りと「強い軽蔑の念をいだかざるを得な」い。

彼は、かくまわれたその夜三木と将棋《しょうぎ》をして「私が勝った」とわざわざ書いている。三木の思想について、三木君は「勉強が足りなかった」とえらそうに書いている。そして、自分のような共産主義者が戦後生き延びて人民のために頑張るには三木君のような人の犠牲が必要だったのだと、全く臆面もなく書いている。勉強のできる者の党派が、勉強の足りない者を犠牲にして、勉強の足りない人民大衆を目覚めさせ、指導するというわけである。これが彼と彼の党であるコミンテルン共産党の、少なくとも当時抱え込んでいた「思想」であった。

獄死と『親鸞《しんらん》』

そして夏。広島で、長崎で、数え切れない命が一挙に失われ、遂に、敗戦の日がやってくる。だが人々は、天皇の政府が天皇制の維持だけを暗黙の条件に受け入れた降伏を、ラジオから流れる聞き難い声で知っただけであり、人々が戦争を終わらせたのでは決してなかった。三木と同じく獄中にいた旧友羽仁五郎は、八月一五日に民衆が獄舎をあけに来るのを一日中待ち続けたと書いている。だが、誰も駆《か》けつけない。

こうして、東畑も「なすところが無いままに遂に九月二六日を迎えた」。

戦争が終わった日から一月以上もたったその日、見回りの看守が、皮膚病を掻《か》きむしりながらベッドから転がり落ちて死んでいる男を見つける。四八歳の三木清の、それが最後の姿であった。

羽仁は、三木清を、そして三木のすぐ前に獄死した戸坂潤を殺したのは日本人民だ、と書いている。その人民を指導する筈の党では、三木の死がきっかけとなって後に釈放された党幹部が、占領軍を解放軍と呼ぶ一方、自分たちを助けるために投獄された「勉強の足りない」者たちのことは忘れたまま、戦後無産者運動の高揚期に指導者として迎えられてゆく。

三木の死後、おそらく絶筆であろう未完のノートが発見される。死後、『親鸞』として出版されたものがそれである。

既に若い頃、自分は武士に支持された禅よりも平民的な法然や親鸞の教えにひかれると漏《も》らしていた三木は、先に触れた手紙でも、西田を越えるためにも「仏教の本なども読んでみています」と書いている。だが、それだけではない。子どもの頃から親鸞に親しみ、人生の最後にはこの信仰においてて死ぬであろうといっていた三木は、死の予感を抱きながら親鸞について書き貯《た》めていたのであろう。

それにしても、何故この時期、親鸞が三木の前に再び大きく姿を現したのであろうか。

親鸞が生きたのは「無戒」つまり規範崩壊の時代であったことに三木は注目する。実際、親鸞の時代もまた、武士たちの集団が荒々しい動乱を繰り返し、混乱と対立の中で、至るところに餓死者の死体がころがっている時代であった。そして、親鸞もまた、戦乱と秩序崩壊の「突出《とっしゅつ》して異常な」時代を生きて、権力の弾圧を受けながら、なお説教をやめなかった宗教家である。三木もまた「突出して異常な」時代に生きて、どんな時にも沈黙しなかった。しかも決して言葉だけの空虚な勇ましさを語らず、常に人々の生活に届く言葉を語ろうとしてきた。実際に届いたかどうかは別として、三木にとっては言葉だけが現実に関わる手段であった。

だが、常に現実に関わろうとして来たその三木が、もはや語りかける手だてを失う日が来たのである。いかに弾圧されても、どんなに妥協を余儀なくされても、沈黙や傍観だけはすべきでないと一貫して考え、あえて参画の道を選んで来た三木が、現実に関わる手段を奪われた。現実世界は、もはや傍観する他ないものとなった。だが、目の前の「異常な時代」の異常な現実を、ただ傍観していてよいのか。その自問に答える術《すべ》のない日々が続く。誰もが戦って見知らぬ人を殺さねばならず、誰もが家も子も焼かれて灰となり自らもまた殺されて土とならねばならない。

三木は親鸞の「歴史的自覚」を問う。「時代の歴史的現実の深い体験は親鸞に自己の現在が救い難い悪世であることを意識

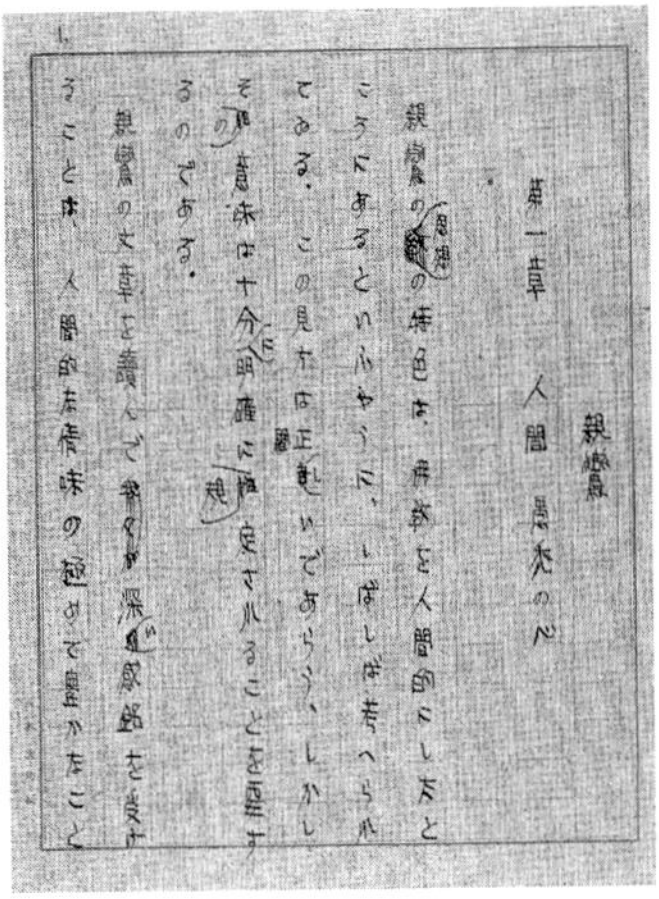
親鸞

第一章　人間　愚禿の心

親鸞の思想の特色は、宗教を人間的にしたところにあるといふやうに、しばしば考へられてゐる。この見方は正しいであらう。しかしその意味は十分明確に規定されることを要するのである。

親鸞の文章を読んで我々が深く感銘を受けることは、人間的な情味の極めて豊かなこと

『親鸞』の原稿（一部）

させた」。だがそれは、外的な時代批判ではない。「自己を時代において自覚するということは」、「時代の悪を超越的な根拠から理解すること」である。つまり、「時代の悪をいよいよ深く自覚することである」と同時に、「自己の罪をいよいよ深く自覚することである」。「突出して異常な」時代を悪世というのは容易《たやす》い。だが問題は、加担してきた私にもある。私はもはや傍観することしかできない。どんなときにも傍観すべきでないと一貫していい続け、誤解をおそれず時代に参加しあえて加担の罪を背負って来た三木にとって、傍観するしかない現在の自らを問うことは、おそらく苦悩に満ちたものだったろう。

そのとき、若い頃から親しんで来た「親鸞」の言葉が、彼に再び近づいたのではないか。親鸞とはどういう存在か。無戒の末世《まっせ》に立ち会って彼はつぶやく。私は何をできようか。私は救うことができない。傍観することしかできない。そして続ける。衆生《しゅじょう》の苦悩を放置することこそ、最大の苦悩である。だが、私は救わなくてよい、と私はいおう。何故なら、私が救うのではないからだ。「私が救うのではない」、というのが親鸞の立場である。「他力本願」とは、誰かが救ってくれるというような、気楽な態度などでは断じてない。その誰かも、救わないかもしれない。私が救うのではないというのは、たとえ救われなくとも、救えなくともよいという中で、ただただ念仏することであり、地獄へ堕《お》ちることを覚悟してなお信じることである。

筆を奪われ、死の不安を背負って、三木はただ親鸞を読み、ノートし続けた。孤独の闇を抱えながら常に公共圏への道を求め語り続けた三木清は、全ての言葉を奪われた深い孤独の底で、もう一度「みんな」に出会う場所へと降りて行こうとしていたのでもあろうか。

三木清、人と思想

三木清は死んだ。そして、「突出して異常な」時代もまた、終わりを告げた。だが、その日から始まった戦後日本の歴史が既に三木の生きた年数を越えても、いまなお三木清の評価は一定しない。

多彩と多様

三木清については、既に彼自身の活躍中から様々な評があり、戦後もまた実に多様な三木像が提示されて来た。「実存主義をはじめてわが国へ導き入れた人」とか「アカデミーの壁をマルクス主義へ向ってつき抜けた最初の哲学者」といわれ、「日本のレーベンス・フィロゾーフ」（生の哲学者）とか「西田哲学の正しい継承者」といわれる。宗教的な「虚無」や「超越」の問題を重視する人もいれば、政治的な「時務の技術」を重視する人もいる。ある評者が「翼賛思想家」だといえば他の評者が「獄死した抵抗者」だという。彼ほど、その生涯の上に、相互に鋭い対立をも含む多様な像が描かれてきた思想家は少ないだろう。

ある本では批評家たちが三木について、「最悪のパターンですね」「最悪だと思う」「ほとんどこれはひどいなという感じがする」、といった会話を交わしている。ところが一方、別の批評家の書いた本では、三木の前半生の著作は、その時代意識を「見事に、表現した作品である」といわれ、戦前の思想は「三木清を軸に」捉えることができる、といわれている。三木の思想は「戦後思想の先駆的形態として」「すくい上げることが必須である」という意見もある。「最悪」か「見事」か。三木については、何故、これほど相反する像が生まれるのだろうか。ある評者は、三木ほど「様々な評価、しかも相反する評価を下されている思想家もないのではないであろうか」、といっている。

ある人のいうように、「三木清は、いろいろの意味でとらえにくい哲学者であ」って、だから各人それぞれ、「思いこんだ三木像をえがくようになる傾きがある」のだろうか。だがそれ以前に、そもそも三木の思想的生涯には、何らかの三木像が描けるような統一性あるいは一貫性が認められるかどうか。その点で既に、評者たちの意見は一定しない。ある人々はいう。「突っ込んで考えると、その多彩な思想のなかにはある一貫したものがみられる」。彼の思想には、「すべてに一貫するものがあったのであります」。ところが他方、別の評者たちにいわせれば、「三木の特色は、終始一貫ある問題を追求する体系的努力にあったとは考えられない」、「三木には思想の根源性と共に一貫性がない」、ということになる。ある評者が「豹変《ひょうへん》」の思想家だといえば別の評者が「真実一路」だといい、ある者が「解釈者に過ぎない」といえば他の者が「彼ほど主体的な思想家はいなかった」というのである。

豹変と真実一路

確かに三木は、「複雑多岐で、その正体がつかみにくい」面をもっている。そしてまた確かに、何度か大きな「方向転換」を遂げてもいる。とりわけ同時代人には、三木の鮮やかな方向転換は、苛立《いらだ》たしいものであったろう。

「結果から見ると三木清は豹変の術に長《た》けているように見える。ハイデッガーがドイツで注目されると直ちに之に傾倒し、マルクス主義が日本で有力になると忽《たちま》ちマルクス主義者を名乗り、マルクス主義が所謂《いわゆる》退潮期に這入《はい》ったと世間で言い出す時には、すでにマルクス主義反対者の口吻《こうふん》を以って語り出す。西田哲学が愈々《いよいよ》力を伸ばして来ると今では西田哲学のマネージャーのように振舞う」。そういったのは戸坂潤である。この評は、それが書かれた時代の厳しい社会状況を顧みてストレートに読むべきではないかもしれないが、この時期の「思想的転身」ないし「転向」といった言葉に戸坂がもった筈の激しい苛立ちを差し引いても、あるいはむしろそれ故にこそ、「豹変の術に長けている」と書くことによって、彼は三木に対して、思想者に対するおそらく最大の貶辞《へんじ》を用いたことになる。また例えば、ちょうど三木の「方向転換」の時期近くに、北一輝もまた次のような文を書いている。「思想は進歩するなどと云う遁辞《とんじ》を以て五年十年、甚だしきは一年半年に於て自己を打消して恬然《てんぜん》恥なき如きは、政治家や思想家や教師や文章家は其れでも宜《よろ》しいが、革命家として「生れたる者の許すべきことではない」。

戸坂のように三木の全思想を結局は世間的な野心の産物に過ぎないと切って捨てるのは極端としても、三木の思想遍歴の鮮やかさないし軽やかさは、左右を弁ぜず少なからぬ同時代人に、「突出して異常な」時代に対峙《たいじ》しようとする資質が薄い証拠だと見えたであろう。彼はその時々、真剣に自らの立てた課題と取り組んでいる。しかもなお、三木の思想は鮮やかに遍歴するのである。

戸坂だけでなく同時代人による三木評には、「観念論の粉飾形態」とか「浮浪的観念論」とか、「野心家に過ぎない」とか「文章が拙《つたな》い」とか、「独創的なのは字体だけだ」とか「勉強が足りない」とかいうように、底意地の悪い口調がしばしば用いられる。三木の方は、文章で見る限り、誰に対してもそういった口調は使っていないが、同時代人が三木に対してそのような口調を使いたくなる心理は分からないでもない。ようやく三木を捉えたと思ったとたんに、三木はもはや別のところにいる。底意地が悪く見える三木評は、いわば、安定した三木像を形造ることができないことに苛立った同時代人たちが、さしあたり三木を標本として止めておこうとしたピンのようなものだったのかもしれない。

この本をここまで読んでくれた読者諸氏には分かるだろうように、私自身は三木を一貫性がなく捉え所のない思想家だとは全く思わないが、それは私が、「はじめに」で書いたように、一つの読みやすい流れの中に、三木清の「人と思想」を無理に閉じこめたからだともいえる。もちろん、読みやすく分かりやすい人生などはない。私もまた、ある標本を作っただけであると知っている。

三木清は獄死した。そのように鮮やかに遍歴を続けた多彩な三木にしてなお、というべきなのかどうか、私は知らない。ある評者は、戸坂の獄死は必然であったが三木にとってのそれは偶然であった、という。三木自身は『人生論ノート』で書いている。「人生においては何事も偶然である。しかしまた人生においては何事も必然である。このような人生を我々は運命と称している」。

心をこめて、歩まざらめや

三木の生誕百周年に当たる年に、龍野出身の文人の資料館である霞《か》城《じょう》館《かん》で三木清の記念展が開かれているのを知って、私は龍野を訪れた。霞城館の当時の館長、苗《な》村《むら》樹《しげき》さんは、親切にも当時はなお残っていた生家をはじめとして、三木ゆかりの場所をあちこち案内して下さった。三木清の墓は東京の中野区にあるが、三木家の墓は、少し小高い村の墓地にあった。多くの墓石に囲まれたその墓石を見ていると、「私は農民の子である」という三木の言葉が思い出された。村から吹く風が頬を撫《な》でた。

翌日私は、龍野城の界隈《かいわい》を散策した。かつての城内はいま公園になっている。その敷地の南側にある小さな丘の裾を巡って、「哲学の小道」と名付けられた一筋の遊歩道が作られており、その途中に石碑があって、若い日の三木の歌が刻まれている。

しんじつの秋の日てればせんねんに心をこめて歩まざらめや

私は、その歌碑の元になった、フィリピンから帰って書いたというその色紙の複製を、霞城館で買い求めた。それは今も机の前にある。三木の独創性はこの金釘《かなくぎ》流の文字だけだったという友人林達夫の悪口もある。確かに上手い文字ではない。下手だといってよい。「鮮やかさ」や「野心」は、ここにはない。

あるいは三木の人生もまた、下手だったというべきかもしれない。足をすくわれ、裏切られ、勉強が足りないといわれ、自らもまた意図とは異なることに結果的に手を貸した。

だが、古在由重は次のように書いている。自分は思想的には「三木さんから影響をうけたということはない」が、しかし「かれの人がらはヒューマニズムというか、きわめて情の厚い人でした」。「ぼくがえらいと思ったのは、三木さんが戸坂潤のことなども非常に心配していたことですね。三木さんと戸坂とは思想的にもちがうし、戸坂は三木の思想や人物についてかなり批判を書いたりしていて、そのころには両者の交際もなかったけれども、三木は戸坂の生活のことを非常に気にかけていた」。実際、敗戦を信じていた三木は、何とか共に来るべきその日まで生き延びようと、友人や後輩たちに仕事の配慮などもし、口癖のように「気をつけろよ」といっていたという。だからまた三木は、かつて獄中の自分を切捨てたその党派に属するTが脱獄して頼ってくると、命の危険を顧みずにTを助けた。「かれの魂の底にはそんな熱いヒューマニズムが脈々として流れていた」。

晩年の「三木清の問題は」、と、菅孝行という評者は書いている。「醒《さ》めた後退戦の自覚」を見失い、「政治情勢に震撼《しんかん》され、きわめて哲学的に、時務の道を説き、かつ自らその時務に邁進《まいしん》してゆく、一重底の真剣さのなかにある」、と。三木は決して、「後退戦の自覚」を全く見失っていたわけではない。だがその自覚が甘かったといわれれば反論できない。確かに彼は沈黙の無責任を選ばずに「時務の道を説」いた。そこに、三木の歴史責任がある。

けれども、「突出して異常な」時代に生きて、二度妻を失い二度投獄され、そして折角敗戦の日まで生き延びながら九月の終わりに獄死した三木清の、その下手な「一重底の真剣さ」こそ、「熱いヒューマニズム」の心をもった「無骨の人」三木清が、「しんじつ」に、「せんねんに、心をこめて」自分の人生を歩み続けた証であったと、いまはいってみたい気が、私にはする。

あとがき

この本は、世紀の変わり目に書かれたものを基にしているが、担当編集者として多くの貴重なアドヴァイスを頂いた杉本佳子さんのご協力なしにはできなかった。最初に感謝の言葉を記しておきたい。

治維法下を三木清ゼミ守りきし青春ありて今日卒寿あり

私たちは、この短歌から始めた。杉本さんは、作者の高沢義人さんにも連絡を取って下さった。お元気でいらっしゃるそうである。

詠まれている、マルクス主義論者として登場した頃の三木の授業について、受講生だった桝田啓三郎はこう書いている。「先生の講義の時間には、東京にあるほとんどすべての大学の学生が詰め掛けて、聴講者はいつも教室にあふれかえるほどであった」。少し大げさに思えるが、他にも、講演が超満員だったという証言もある。一方、経済史家の大塚久雄は、それより少し前、三高での講義風景を、こんな風に思い出している。「のっそり入ってきたのは牧師さんのような黒衣黒帽、容貌魁偉《かいい》の大男で、いきなり難解なノートをとらせたうえ、黒板の方を向いたままでボソボソと話しはじめた。あっけにとられたのはわれわれであった」。「もちろん、われわれには何のことやらいっこうに分からない。少なくとも私などは、ちんぷんかんぷんで、茫然自失の態であった」。当然多くの受講生は消えてしまったが、それでも大塚は何とか最後まで受講した上で書いている。「理想的教師像などには、とても入れてもらえるようなものではなかったろう。けれども、あれだけ生徒たちに深く長い影響を与えたというのは、いまにして思えば、名人芸というほかはない。すばらしい教師だったわけである」。

こんな複雑な人物を、僅かな本の頁に閉じこめられたとはとうてい思えない。自分でも書いておいていうのも何であるが、三木清についてさらに興味をもたれた読者諸氏は、先ず三木自身の書いたものを読んでみてほしい。映画そのものを繰り返し見ることは、映画評を読むことより先である。それだけではない。映画で取り上げられた時代や事項や人物について知る方が、映画評を読むより先である。

だが、書き終えて、あるいは単純なことなのかもしれないと思ってみたりもする。例えば、ソレルのことである。三木は、フランスのサンディカリスト、G.ソレルに何度も言及しているが、その度に必ず彼を批判する。しかし批判しながら、彼を「パスカリザン」と呼び、「ソレルの命題は、理論と実践の関係における構想力の作用を明瞭に示唆している」、といったりする。

三木の時代は、戦争と革命の時代であった。サルトルは、マルクス主義は二〇世紀には乗り越え不可能な思想だといったが、少なくとも三木にとってはそうであった。「三木にとっては」とは、「三木の時代にとっては」、という意味である。マルクス主義を超えたつもりの「協同主義」なるものは、まるで浅薄な観念共同体のイメージに過ぎず、しかも現実には大東亜共栄圏を引き出してしまったただけに終わった。だが、革命によって成立した現実の共同体であるスターリン国家もまた、数え切れない粛清によってようやく維持され、やがて無惨な残骸を残して終わる。スターリン主義とは、アナーキズムのパトスを失ったマルクス主義であるといってみるなら、三木にとってソレルが気になる思想家であり続けた気分が少しは分かる。いずれにしても、ポチョムキンに掲げられた「ひとりはみんなのために、みんなはひとりのために」というスローガンは、甘い二〇世紀の夢として、例えば三木と共に消えたのである。

三木清年譜（より詳しくは、『三木清全集』巻末の年譜を参照）

西暦	年齢	年譜	参考事項
一八九七		一月、裕福な農家の長男として、兵庫県揖保郡（現たつの市）に出生届け出。	
一九〇三	6	尋常小学校に入学。	
〇七	10	高等小学校に進む。	
〇九	12	龍野中学校に入学。	
一〇	13	文学に興味をもち蘆花などを愛読。以後、中学時代に内外の文学書を多読する。	韓国併合、大逆事件
一一	14	漢詩を習う。	西田幾多郎『善の研究』
一二	15	短歌を校内誌に発表する。	
一三	16	学生歌を作詞。文学者になろうとするが、やがて哲学を志す。	
一四	17	上京し、第一高等学校に入学。宗教にひかれ、『歎異抄』などを読む。	第一次世界大戦始まる
一六	19	哲学講読会を組織。西田幾多郎『善の研究』に感激し、哲学専攻を最終決意する。	
一七	20	西田を訪ね、生涯の師弟関係がはじまる。	ロシア革命

		京都帝国大学文学部哲学科に入学。新カント派の文献などを読む。歴史に興味をもつ。	
一九一九	22	夏期休暇に東京で友人と家を借りて自炊し、「語られざる哲学」を書く。	三・一独立運動
二〇	23	「個性の理解」を哲学誌に、続けて卒業論文も発表する。大学卒業。大学院に籍を置き、大谷大学などで講義する。	
二一	24	教育招集で三ヶ月間軍隊生活を送る。	
二二	25	五月、波多野精一の推薦により、岩波茂雄の出資を受けてドイツへ留学する。ワイマール・ドイツの社会的混乱を経験。マンハイムらと知り合う。羽仁五郎と生涯の友人関係がはじまる。	
二三	26	リッケルトのゼミで発表し、新聞に寄稿。秋、マールブルクに移り、ハイデッガーに学ぶ。レーヴィットの指導を受ける。	
二四	27	夏、パリへ移り、パスカルの研究を始める。	
二五	28	パスカル論を日本へ送り発表。一〇月、留学より帰国する。	治安維持法、普通選挙法
二六	29	京都に下宿を定め、戸坂潤ら後輩たちと研究会をもつ。第三高等学校講師となり、大谷大学などでも講師を務める。『パスカルに於ける人間の研究』刊。母死。	

一九二七	30	河上肇のためにヘーゲルの研究を手伝い、自らも唯物史観の研究に着手する。 京大に職を得られず、上京して法政大学教授となる。日本大学などの講師兼任。 マルクス主義論を発表し始める。 岩波書店に協力を始める。三木の協力による岩波文庫創刊。 岩波茂雄と朝鮮、中国を旅行する。	金融恐慌
二八	31	企画の中心となった岩波講座『世界思潮』創刊。 『唯物論と現代の意識』刊。 満鉄の招聘で、大連、旅順などを講演旅行する。 羽仁と共同編集で「新興科学の旗の下に」誌を創刊。	共産党一斉検挙
二九	32	東畑喜美子と結婚する。 『社会科学の予備概念』『史的観念論の諸問題』刊。	世界恐慌
三〇	33	服部之総らの批判が続く。 共産党への資金援助により、治安維持法で検挙される。一一月に執行猶予で出所。 長女洋子誕生。 この頃から、総合雑誌、新聞への寄稿が増えてゆく。	
三一	34	没後百年記念に設立された国際ヘーゲル連盟日本支部の代表者となる。	満州事変

一九三二	35	『観念形態論』刊。企画した岩波講座『哲学』創刊。 『歴史哲学』刊。	
三三	36	岩波講座『日本文学』に書いた「現代階級闘争の文学」が発売禁止処分を受ける。 『危機に於ける人間の立場』刊。 反ファシズムの「学芸自由同盟」を結成する。	ナチス政権獲得 共産党弾圧と大量転向 京大滝川事件
三四	37	『人間学的文学論』刊。 この頃から、座談会への出席が増える。	
三五	38	西田幾多郎との対談を新聞連載（翌年も）。	
三六	39	妻喜美子死。翌年追悼文集を出す。	二・二六事件、国共合作
三七	40	新聞コラムを集めた『時代と道徳』刊。 「文学界」同人となる。 『哲学的人間学』の完成を断念し、「構想力の論理」の連載を始める。	日中戦争始まる
三八	41	「人生論ノート」の連載を始める。 昭和研究会に参加し、文化委員会の委員長となる。 計画に協力した岩波新書創刊。	
三九	42	「哲学ノート」の連載を始める。 昭和研究会パンフ「新日本の思想原理」を執筆する。 『構想力の論理　第一』刊。	第二次世界大戦始まる

		小林いと子と結婚する。	
一九四〇	43	岩波新書『哲学入門』刊。驚異的なベストセラーになる。弟が中国で戦死。満州国に招待され視察、講演旅行する。	大日本翼賛会
四一	44	『人生論ノート』、『哲学ノート』刊。	太平洋戦争始まる
四二	45	「戦時認識の基調」が軍を怒らせ、以後総合雑誌への論説掲載ができなくなる。軍に徴用され、マニラに行く。『技術哲学』刊。	
四三	46	ほとんど活動できず。妹死。	
四四	47	妻いと子死。洋子を連れて埼玉県に疎開する。	
四五	48	六月、逃亡した共産党員をかくまった嫌疑で検挙される。敗戦後も釈放されず、九月に獄死。遺稿「親鸞」の一部が発表される。『構想力の論理　第二』刊。	敗戦
四六		『三木清著作集』の刊行が始まる。	

参考文献

最近は、古書や図書館収蔵本も含めて、インターネットで詳しい文献検索ができるので、ここでは簡単に記すにとどめる。

○比較的入手しやすい文庫、新書

『哲学入門』――岩波新書 一九四〇
『人生論ノート』――新潮文庫 一九五四
『語られざる哲学』――講談社学術文庫 一九七七
『パスカルに於ける人間の研究』――岩波文庫 一九八〇

※他に、いくつかの作品が、「青空文庫」などで閲覧できる他、電子書籍化もされている。

○全集、著作集

『三木清著作集』全一六巻――岩波書店 一九四六～五一

※三木の死後すぐ、羽仁五郎が「三木清遺書」とすることを主張した著作集。

『三木清全集』全一九巻――岩波書店 一九六六～六八
『三木清全集』全二〇巻――岩波書店 一九八四～八六

※桝田啓三郎、久野収他の編集で、両者が後記を執筆した全集。三木の書いたものについては、逮捕された際に警視庁に押収されたまま紛失した原稿もあり、西田をはじめ関係者に宛てた三木の手紙なども弾圧の危険を避けるために殆ど焼き捨てられているが、この全集には、三木の残した文章で現在見ることのできるものが丹念に集められている。図書館で読む他、ネット古書店で買える。六〇年代

に一九巻で出され、一九八四〜八六年に、拾遺一巻を加えた全二〇巻として再刊された。

○選集

『三木清』近代日本思想大系第三三　久野収編集解説――筑摩書房　一九六六

『三木清集』近代日本思想大系第二七　住谷一彦編集解説――筑摩書房　一九七五

※右の二冊は旧いが図書館で読めるだろう。前者は久野の回想を含む解説評論があり、後者には親友羽仁五郎が三木を追悼した講演「我が師我が友三木清」が収められていて、共に参考になる。最近出た選集には、次のものがある。

『パスカル・親鸞』京都哲学撰書第二　上田閑照監修、大峯顯編――燈影舎　一九九九

『三木清エッセンス』内田弘編集解説――こぶし書房　二〇〇〇

『創造する構想力』京都哲学撰書第一八　大峯顯監修・編――燈影舎　二〇〇一

○回想など

※三木の人柄やエピソードなどについては、その死を悼んで『回想の三木清』という同名の本が二つの出版社から出された。それらは収蔵している図書館も少ないが、久野収と羽仁五郎のものは、選集であげたはじめの二冊でほぼ読める。また、全集の桝田、久野による後記や、多くの人が回想を寄せている「月報」も参考になる。

他にも、本文でもいくつか引用したように、同時代の哲学者、思想家、研究者の全集や著作集等に収められている回想記や自伝、ジャーナリストや今日出海ら文学者の回想にも、三木への言及がある。回想ではないが、阿部知二の小説や木下順二の戯曲には三木をモデルとした人物が登場する。

○三木清論

三木を単独で取り上げた著書に絞って、代表的なものを挙げる。

『三木清』UP選書　宮川透著　――――――　東京大学出版会　一九七〇
『三木清―哲学と時務の間』荒川幾男著　――――――　紀伊國屋書店　一九八一
『三木清の世界―人間の救済と社会の変革』佐々木健著　――――――　第三文明社　一九八七
『三木清―哲学的思索の軌跡』赤松常弘著　――――――　ミネルヴァ書房　一九九四
『三木清／無常』京都哲学撰書第二六　唐木順三著　――――――　燈影舎　二〇〇二
※大峯顯監修、松丸壽雄編による、旧著の再録である。
『三木清―個性者の構想力』内田弘著　――――――　御茶の水書房　二〇〇四
『帝国の形而上学―三木清の歴史哲学』町口哲生著　――――――　作品社　二〇〇四
『人為と自然―三木清の思想的研究』津田雅夫著　――――――　文理閣　二〇〇七
『遺産としての三木清』（論集）清眞人、津田雅夫他著　――――――　同時代社　二〇〇八
※巻末の室井美千博「三木清研究・参考文献目録」が最新で詳しい。

もちろん、三木に関する章や三木への言及を含む本や雑誌論文は数多くあり、また、三木に直接触れていないが、三木論よりもむしろ多く三木について考えさせられる近現代史や近現代思想関係の本も当然多い。

このささやかな本を書くに当たっては、上記を含む大変多くの三木清論を参考にさせて頂いた他、三木清に関する言及を、ごく短いものは評者名を記さないまま使わせて頂いた。上に挙げた「諸文献（『全集』月報を含む）」の他、饗庭孝男、柄谷行人、河原宏、廣末渉、湯浅泰雄、鷲田小彌太、他の方々のものが含まれる。断片的な引用の仕方と併せて、失礼をお詫びするとともに、深い感謝を記しておきたい。

もちろん、必見資料で見ていないものも多く、また、事実関係を含めて私の見方が先説と異なっている部分もあろう。ご批判、ご寛恕をお願いしたい。

さくいん

【人名さくいん】

【あ行】

アヴェナリウス……一三
芥川龍之介……六四・七三・八四
阿部次郎……二六
阿倍能成……一七・四一
有島武郎……三一・四〇・八三
アリストテレス……四五・六〇
石川啄木……二一
石橋湛山……二〇四
市川房枝……二三
岩波茂雄……四・一九・四一・六九
ヴァレリー……四三
エイゼンシュテイン……五九・七三・二一四
エンゲルス……六五・六七・七五・九九・二〇・二一五・二三〇・二三五
汪兆銘……一九八
大内兵衛……四四
大杉栄……三一・八三・八六
大塚久雄……二四四・二四五
大山郁夫……四〇
岡倉天心……一九二
尾崎紅葉……一四
尾崎秀実……二〇一・二〇二・二〇五・二三〇
押川春浪……一八

【か行】

カウツキー……八二
加藤正……二三五
ガリレオ……五一
河上肇……四〇・六〇・六一・一四九
菅孝行……二四三
ガンディー……二二八
カント……三三・二三五〜二三七・四八・一七三・一七五
岸田國士……二〇九・二一〇
北一輝……四〇・一九〇・二〇四
北村透谷……二七
清沢洌……二二三
九鬼周造……四二・一九七
久野収……七三・一三七・一六二・一六五・二三三
倉田百三……一八
ゲーテ……四二
ケーベル……二三
幸徳秋水……二一・二三
コーエン……二三五
古在由重……一二九・二三一・二三二・二四二
近衛文麿……一八四・一八八・一九〇・一九八・二〇一・二〇八・二〇九・二三〇・二三三・二三六
小林多喜二……八・八八・一四七・一四九
小林秀雄……一七一・二一〇・二三五・二三九
コルシュ……八一・八六

【さ行】

斎藤隆夫……二〇一
酒井三郎……二〇九
坂口昴……三三
佐野学……一四九
サルトル……一三七・一七六・二四五
ジイド……一八二
シェストフ……一五〇
ジェームズ……一八
シェリング……二六
司馬遼太郎……六
シュペングラー……四三
親鸞……一一四・二二四〜二二六
スターリン……六七・六八・八五・八七・八八・一〇二・一七五・一九五・二四六
左右田喜一郎……二六
ゾルゲ……二〇一・二一〇
ソレル……一〇一・一〇三・二四五・二四六
孫文……二一五

【た行】

ダ＝ヴィンチ……四二
田辺元……一九・六〇・六一・一四五
チャンドラ＝ボース……二二八
ディルタイ 三七・四八・五六・五七・一〇一
デカルト 五一・九〇・一〇〇・一七三・二二八
デボーリン……一二三
デュルケーム……一七六
東条英機……二三〇・二三三・二三八
東畑恵美子……七一
東畑精一……七一・二三三・二三四
徳富蘇峰……二〇・二三
徳富蘆花……一四・一七・二一・二三
戸坂潤……六〇・七〇・八一・一一九・一四五・一六〇〜一六二・一七九・二三四・二四〇・二四一・二四三

トーマス＝マン……四三
朝永三十郎……二六・二七・四一
トロツキー……六七

【な行】
永井荷風……二〇五・二〇八
中井正一……一六五・二〇四
中野重治……八八・一一八・一四七
中村真一郎……一七八
夏目漱石…一九・二〇・二三・二四・三一・三六・四一
鍋山貞親……一四九
西田幾多郎 三・一五・二六〜二九・三三・三六・三七・四一・六〇・七〇・七六・九〇・九四・一三三・一四五・一六〇・一七〇・一八〇・一八三・一九六・二一一〜二一八・二二五・二二八・二三〇・二三一・二三四・二三八・二四〇
西谷啓治……二二五
ニーチェ…三七・四六・四八・五一・一〇一・一三〇
新渡戸稲造……二三
ニュートン……二四
野呂榮太郎……一四七

【は行】
ハイデッガー（ハイデッゲル）……四五〜四七・四九・五〇・五六〜五八・九三・九六・一〇一・一〇八・一一〇・一二一・一二四・一三一・一三三・一五二・一五三・一七二・二四〇
バウムガルテン……一七三
萩原朔太郎……一三〇
長谷川如是閑……四〇・一五〇
パスカル…四八〜五三・五五・五六・七〇・七四・七六・九六・一〇〇〜一〇二・一三九・一七二
波多野精一……三三・四一
服部之総…一一四・一一五・一二〇・一二三・一二六・一三〇
羽仁五郎…四四・四五・四七・五八・六一・六九・七三・一四七・二三三・二三四
ハルトマン……四五
ヒトラー……八・一六八・一八九・二二一
フィヒテ……三六
フォイエルバッハ……一四三
福沢諭吉……二〇
福本和夫……六七・六八・八一・八七
藤村操……一九・四一
フッサール……五六・五七
ブハーリン……八七・一一三
ヘーゲル……二三〜二四・二六〜二八・四七・四八・六〇・九六・一二五
ベーコン……五一
ベートーヴェン……四三
ベルクソン……二八・三七・一三三
ベルンシュタイン……八二
法然……二三四

【ま行】
桝田啓三郎……七〇・二四四
マッハ……一三三
マリノウスキー……一七六
マルクス…六五・六七・七〇・七四・七五・七九・八一〜八三・八八・九三・九四・九六・九九・一〇〇・一〇六〜一〇八・一一〇・一一五〜一一七・一二五・一三五・一三七・一三八・一四三・一四四・一五六・一七五
マンハイム……四九
ミケランジェロ……四二
ミーチン……一三三
蓑田胸喜……一六三・一七八
武者小路実篤……三一・七二

【や・ら・わ行】
矢内原忠雄……二〇一
柳宗悦……二〇一
山川均……六六〜六八・一四七
山田盛太郎……一四七
山本宣治……一一六
横山源之助……一六
吉野作造……三九・四〇
ラーテナウ……四三
リッケルト……三五・四一
ルカーチ…四三・八一・八二・八六・一三六
ルーズヴェルト……一八九
レーヴィット……四九
レヴィ＝ブリュール……一七六
レーニン…二六・六五・六七・八一・八四・八五・八七・八八・一〇三・一一六・一二〇・一二三・一三三・一九九
ローザ＝ルクセンブルク……四二・八五
和辻哲郎……一五

【事項さくいん】

【あ行】
『愛と認識の出発』……二八
新しい人間のタイプ……一五一・一五三・一五四・一六八・一六九
新しき村……七二

アナーキズム……六五・二四六
アナボル論争……六六
アナルコ・サンディカリスム……六五・六六
『暗黒日記』……二三三・二三四
アントロポロギー……五〇・七五・七七～七九・八八・八九・九九・一〇八
慰戯……五二・五三
意識の埋没……九一・九二
イデオロギー……一〇・七四・七五・七六～八一・八八・八九・九八・一〇四・一四七・一四九・一五三・一六四・一七九
岩波書店……四・四一・六一・二一一
岩波文庫……四・六一・六二・六四・一一〇・二一一
「英米本位の平和主義を排す」……二二六

【か行】

「懐疑について」……二二〇
階級闘争……三四・三五・四〇・六四・六五・七四・八〇・一一七・一四八・一五九・一九五
解釈学……五三・五六・五七・一一〇
解釈学的概念……一〇九・一一一・一一五
解釈学的現象学……五七
「解釈学的現象学の基礎概念」……五六
「改造」……三九・四〇・二二三
学芸自由同盟……一五〇
革命……三四・六五・六六・八二～八五・九八・一〇六・一一四・一二四・一三九・一四三・一四八・一五一・一七三・二四〇・二四五・二四六
『学問と人生』……一三〇
形なき形……二二六～二二八
「語られざる哲学」……二九・三〇
『蟹工船』……一四九
考える葦……五〇・五三
韓国併合……五
「巌頭之感」……一九・四一
観念論……一〇一・一〇六・一一四・一一五・一二四・一三〇・一三三・一三四・一三七・一三八
「観念論の粉飾形態」……一三六
機械的唯物論……一〇五・一〇六・一〇九・一三〇～一三三・一三四
『危機に於ける人間の立場』……一〇・一五一
「危機における理論的意識」……一一六
『技術哲学』……二〇四・二〇六
基礎経験……五一・七四～八〇・八八・八九・九九～一〇三・一〇四・一〇五・一〇七～一〇九・一一五・一二一・一二三・一三三
共産主義……九九・一〇三・一一七・一八四・一九〇・一九五・二〇一・二〇五・二〇九
共産党……六六～六九・七三・八一・八五・八七・一一四・一一六～一一八・一二四～一二六・一四六～一四八・一六〇・二二三・二三三
協同主義……一八四・一九〇・一九五～一九七・一九九・二二六・二四五
「協同主義の哲学的基礎」……一九〇
「キング」……六二・六三
『近世に於ける我の自覚史』……二六
近代の超克……二三五・二三六
空想的社会主義……九九
経験批判論……一三三
『経済学・哲学草稿』……九六
啓蒙主義……三三
ゲセルシャフト……一九五
決定論……一四〇・一七三
ゲマインシャフト……一九五
現在弁証法……一三九・一四〇
「原始的理解の構造」……五八
現象学……九〇・二二四
「現代階級闘争の文学」……一四八
「現代思潮」……一〇一
「現代哲学思潮」……一三〇
言論報国会……二三三
五・一五事件……一五〇
「行為的自覚の立場」……一五八・一五九
行為的直観……二〇七
講座派……一四七
交渉……一三〇
交渉的存在……九三・九七・一〇八・一一三・一三四
『構想力の論理』……一五四・一六八・一七一・一七六・二〇五～二〇七・二一一・二三八
『構想力の論理　第一』……一七一・一七五・一八〇・一八三・二二六
構想力の論理……一七三・一七四・一七六・一七七・一八一・二一七
講壇的哲学……六一・六九・一一〇
「幸福について」……二二〇
国民学術協会……二三三
『こころ』……四一
「個性の理解」……三三
国家主義……一六三

『国家と革命』……八五
コップ……一四七・一四八
コミンテルン……六七・六八・八〇・八五~八七・九八・一〇七・一一〇・一一四・一一六・一一八・一二〇・一二二・一二四~一二七・一二九・一三五~一三七・一五六・一六一~一六三・一六五・一七八・一九五・二〇〇・二一〇・二二三
米騒動……五
『金色夜叉』……四
【さ行】
「最近の哲学」……一五二
三・一五事件……六九・七〇
『三四郎』……二〇
産業革命……一五
『三太郎の日記』……二六
サンディカリスム……一〇一
三二テーゼ……一四六・一四七・一七八
『自覚に於ける直観と反省』……七〇
自己疎外……九五・九六・一〇〇・一〇六
事実としての歴史……一三〇・一三八
『自然と人生』……一七
自然弁証法……一一四・一一九・一三四~一三八
『自然弁証法』……一三五
「思想」……一七一
「時代閉塞の現状」……二一
「実業之日本」……一五
実存……五七・一三三
実存主義……七〇
史的弁証法 一一四・一三四・一三八・一四〇
「死と教養について」……一三九
「死について」……一一〇
資本主義……一五・一八・三六・三九・四二・四三・六四・六五・六七・八四・九五・九六・九九・一〇九・一四七・一六四・一八三・一九〇~一九二
『資本論』……六一・六四・一九四・二〇三
「時務の論理」……二〇五
『社会科学概論』八〇・一三〇・一三九・一七九
社会主義……二四・三九・四二・六五・六七・六八・七三・一〇〇・一二七・一八九・一九〇・一九四・二〇六
社会的身体 一四一・一四三・一四四・一五五
自由民権運動……一〇・一七
種族……一四三・一四四
「主婦の友」……六三
純粋意識……一八・七六・一三三
「小国民」……一七
『省察』……一三八
「商品の魔術性」……九四・九五
昭和研究会……一八四・一八五・一八七・一八八・一九〇・一九一・一九七・二〇一・二〇五・二〇九・二三〇・二三三
『「昭和」という国家』……六
「白樺」……三一・六三
白樺派……三一・四〇
新カント派……二六・二七・三三・三五~三七・四一・四四・四五・四七・四八・九七・九九・一〇一・一五二
「新興科学の旗の下に」……六九・一〇三・一一六
新人会……四〇
『人生論ノート』……三・二一一・二三〇・二四一
「人生論ノート」……一七一・二一〇
『新日本の思想原理』……一九〇・一九一・一九九
シンパ……八八・一一八
『親鸞』……二二三・二二四
神話 一五八・一七一・一七五~一七七・一七九・一八〇
スターリン主義……一二八・二四六
スパルタクス団……四二
スペイン市民戦争……一六五・一六八
『西欧の没落』……四三
西欧の没落……二二五
西欧マルクス主義……一三六
「成功」……一八
制作……一七〇・一七一・一七三・一七四・一七六・一七七
「生存理由としての哲学」……八・一〇・一五三
制度……一七五~一七七・一八一・一八二
「青鞜」……二二・二四
西南ドイツ学派……三五・三六・四一
「青年知識層に与う」……一八七
「生の拡充」……三一
生の存在論……五〇・五一・五五
生の哲学……三七・九〇・一五一・一五二
世界恐慌……五・一四六・一六五・一八九
「世界史的立場と日本」……二二五
「世界史の哲学」……一九一
絶対弁証法……一四五

絶対矛盾的自己同一　一四五・二一四
「戦艦ポチョムキン」…五九・七二
戦後主体性論　……一五三
戦後主体性論争　……一〇二
「戦時認識の基調」…二二三・二二三
全体主義　一三七・一五七・一六八〜一七〇・一九六
『善の研究』　二七・六八・一三一・一七〇・二一三
「ソヴィエト紀行」……一六二
「続哲学叢書」……一三〇
素朴実在論　……一〇五
存在　……一一四
存在者……五六
存在性　四六・五二・五六・九八・一一五・一一四
『存在と時間』……四五・五六・五七
存在としての歴史…一三〇・一三八・一三九
存在の存在性……一〇六〜一〇九
存在の凡庸性……六四
存在忘却……四五
存在了解　……一三一・一三三
存在論…四五・四九・五七・一三一〜一三四・一三七
存在論的決定……七九・一〇一・一〇八

【た行】

第一次世界大戦…五・一三・三九・八一
大逆事件　五・一一〜一三・二七・三一・三九
大政翼賛会　……一九〇・二〇八・二〇九
大東亜新秩序　……一〇八
大東亜戦争　……一三〇・一三一・一三八
第二次世界大戦　……五
大日本帝国…五・一〇・一一・一三・三九・一一六・一八四・二〇二・二二四
太平洋戦争　……五
滝川事件　……八・一五〇・一七八
治安維持法…四・五・六九・八七・一一三・一一八・一一九・一二五
「知識階級に与う」……一八六
「中央公論」……四〇・一八六・二二三
『月に吠える』……一三〇
帝国主義　…一六・一八・二一・一三四・一三五・四二・四三・一九四・一九九・二二五・二二六・二三〇・二三六
「哲学叢書」……四一
『哲学的人間学』……一五四・一六八・一七〇・一七一・一七四
「哲学に対する我々の態度」……一二五
『哲学入門』…三・一七一・一八一・二一一・二二三・二二六
「哲学ノート」……一九一・二〇〇
『哲学ノート』……一三〇
天皇機関説事件　……一七八
天皇制　…一〇・四四・八七・一四六・一六〇・一六三・一七八〜一八〇・一八二・一八三・一九二
『ドイツ・イデオロギー』…七五・二一三・二一六・二一七・二三三
「ドイツ大学の自己主張」　一五二・二一〇
ドイツ浪漫主義　……三六・三七
「問いの構造―解釈学的研究」……五六
「東亜思想の根拠」……一九八
東亜新秩序……一八四・一九〇・一九八・一九九・二〇四
東亜の建設者としての日本の使命　……二一三・二一四・二一六
『党生活者』　……一四九
動的双関的統一　……一〇八
独我論…六八・一三〇・一三一・一七一・一九〇・一九四・二四五
『読書と人生』　……一三〇

【な行】

ナショナリズム……一七
ナチス……一五〇・一五二・一五三・一五六・一六八・一九〇
ナチス・ドイツ……一六四・二三八
ナップ……六八・一四七・一四八・一九九
「何をなすべきか」……八四・八八・一〇三
二七テーゼ　……六八・八七
日露戦争　……五・六・一七・二〇・三九
「日支文化関係史」……二〇二
日清戦争……五・一六・一九・二〇・二〇三
二・二六事件……一六三・一六八・一九〇
『日本改造法案大綱』……四〇
日本主義　…一三七・一五六・一六四・一九九
「日本少年」……一七
『日本之下層社会』……一六
「日本の現実」　……一八五
「日本の歴史的立場」　……二三二
『日本文学』……一四八
『日本文化の問題』　…二一三・二一四
人間学……五〇・七四・七九・八九・一〇七・一〇八・一一三・一二四・一五八
『人間学的文学論』　…一五二・二一〇

「人間学のマルクス的形態」……六九・七五
人間疎外……九六・九七・九九
認識論的唯物論 ……一〇六
【は行】
「敗北の文学」……六四
「パスカルと生の存在論」…四九
『パスカルに於ける人間の研究』……四九・五〇・五五
パトス …三八・五六・七二・一〇〇・一〇四・一三九・一四九・一五〇・一五二・一五五～一五八・一六〇・一六八・一七一～一七三・一七七・一八〇・一八二
パトロギー ……一五二
『パンセ』……四九～五二・五四
『判断力批判』……一七三
『悲劇の哲学』……一五〇
「非合理主義的傾向について」……一五七
ひと……九三・一四三
「批判哲学と歴史哲学」……三三
『貧乏物語』……四〇
ファシズム……一四九・一五〇・一五二・一五五～一五七・一六三～一六五・一六八・一七〇・一七九・一八〇・一八八・二〇五・二〇九
「不安の思想とその超克」一五〇
物象化……九六
フランクフルト学派 一五六・一八〇
プロレタリアート…八・六四・六五・七二・七九・八〇・八二・八三・八五・八七～八九・九八・一〇〇・一四二・一四八・一四九・一五三・一五四・一八三
「プロレタリア科学」……一一六・一二五・一三六
プロレタリア科学研究所 ……一一六・一三六・一四七
プロレタリア革命……八一
「文学界」…一七一・二一〇・二二五・二三九
平民主義……二〇
弁証法 三四・六〇・八三・八六・九六・一〇一・一〇三・一一六・一三三～一四二・一五八・一六九・一七三・一九六・一九七・二二三・二二四
弁証法的統一 ……一七三・一七三
弁証法的唯物史観 …一二五・一四〇
弁証法的唯物論 一一四・一二五・一六一
ポイエシス……一七〇・一七一・一七三・一七六・一八一・一八三
「冒険世界」……一八
『不如帰』……一四
ボルシェヴィキ……六五・六六・八四
ボルシェヴィズム 六五・六六・六八・八四・八五
【ま行】
マルクス主義……三四～三六・四七・四九・六〇・六七～七四・八〇～八二・九〇・九一・九八～一〇〇・一〇二・一〇四・一〇九・一一〇・一一一・一一四・一一五・一一七・一一八・一二〇～一二三・一二五～一二九・一三四・一三六・一四〇・一四一・一四五・一四七・一五〇・一五二～一五四・一五九・一六二・一六四・一七三・一八一・一八三・一九五・一九七・二〇〇・二〇六・二一四・二三八・二四〇・二四四・二四五・二四六
マルクス・レーニン主義 ……一一四・一一七・一二八・一三五
マールブルク学派……一二五
満州事変 ……五・一四六
『三木清全集』……三
民権主義……二〇
民族 ……一五五～一五七・一六〇・一八二・一八七・二二三・二三四・二三七
無産階級 ……八
無産者大衆 …三四・六六・八二～八六・八八・九八・一〇四・一八三
無産労働者 ……三四・三五
無政府主義……六三
無の弁証法的一般者 ……一五九
「謀叛論」……三
『門』……二四
【や・ら・わ行】
山川・福本論争……一〇四
唯物史観 …三四・六〇・六九・七四・七九・八一・八六・八九・九九・一〇七・一一四・一一五・一二三・一二五・一二六・一二九・一三四・一三五・一三八～一四〇・一四四・一六〇・一七三
『唯物史観と現代の意識』……六九・七三・七四・九一
唯物弁証法 ……一四九・一六〇
唯物弁証法研究会 ……一三六
唯物論 …三四・七三・九〇・一〇四・一〇六・一〇九～一一一・一一四・一一五・一二〇～一二三・一二八・一三四～一三七・一六〇・一六一・一六三・一七九
唯物論研究会 …一六〇・一七九・二〇六
「唯物論研究」……一六〇
『唯物論と経験批判論』…一三
「唯物論とその現実形態」

……………一二四・一三〇・一三六
友愛会……………………四〇
ライフ……二四・二七・二九・三〇・三七
理論の系譜学……五一・七四・八一
類的存在　……………一四三
レーニン主義……………九八
『レーニン主義の基礎』……八八
歴史的抽象……………七四
歴史的被制約性……一三〇〜一三三
『歴史哲学』……一二九・一三〇・一三九・
　一四一・一四四・一四八・一五四・一五五・一七三
歴史哲学　…一六〇・一六一・一七三・一九一
『歴史と階級意識』………八三
労農党　……………一一六
労農派　……………一四七・一六五
蘆溝橋事件　…………一八五
ロゴス……三八・七三・七五〜七九・八八・
　八九・九一・九九・一〇一・一〇四・一三九・一五三
　一五五・一五六〜一五八・一六〇・一七一〜
　一七三・一七七・一八〇・一八三
ロゴスとしての歴史　……一三〇
ロシア革命………六六・六七・八四
ロマン主義…三三・三四・三七・四七・四八
「私の個人主義」…………三
「我等」…………………………四〇

三《み》木《き》　清《きよし》■人と思想177　　定価はカバーに表示

2009年4月20日　第1刷発行©
2015年9月10日　新装版第1刷発行©
2023年2月25日　新装版第2刷発行

・著　者　……………………………永野《ながの》　基綱《もとつな》
・発行者　……………………………野村　久一郎
・印刷所　……………………………大日本印刷株式会社
・発行所　……………………………株式会社　清水書院

〒102-0072　東京都千代田区飯田橋3-11-6
Tel・03(5213)7151～7
振替口座・00130-3-5283
http://www.shimizushoin.co.jp

検印省略
落丁本・乱丁本は
おとりかえします。

CenturyBooks

Printed in Japan
ISBN978-4-389-42177-9

CenturyBooks

清水書院の〝センチュリーブックス〟発刊のことば

近年の科学技術の発達は、まことに目覚ましいものがあります。月世界への旅行も、近い将来のこととして、夢ではなくなりました。しかし、一方、人間性は疎外され、文化も、商品化されようとしていることも、否定できません。

いま、人間性の回復をはかり、先人の遺した偉大な文化を継承して、高貴な精神の城を守り、明日への創造に資することは、今世紀に生きる私たちの、重大な責務であると信じます。

私たちがここに、「センチュリーブックス」を刊行いたしますのは、人間形成期にある学生・生徒の諸君、職場にある若い世代に精神の糧を提供し、この責任の一端を果たしたいためであります。

ここに読者諸氏の豊かな人間性を讃えつつご愛読を願います。

一九六七年

SHIMIZU SHOIN